N° 79.

LETTRE

DE MONSEIGNEUR

L'ARCHEVÊQUE DE CAMBRAI,

AU CLERGÉ DE SON DIOCÈSE,

ET RECUEIL DE DOCUMENTS RELATIFS A LA CANONISATION DES MARTYRS JAPONAIS ET AUX ÉVÈNEMENTS RELIGIEUX DONT CETTE SOLENNITÉ A ÉTÉ L'OCCASION.

Cambrai, le 20 Décembre 1862.

Messieurs et Chers Coopérateurs,

Dans notre Lettre Pastorale du 1er Août 1862, par laquelle nous rendions compte au clergé et aux fidèles du diocèse de notre voyage de Rome, nous n'avions pu donner qu'une analyse succincte et quelques extraits de l'allocution du Souverain Pontife aux évêques qui l'entouraient, le 9 Juin, dans la chapelle sixtine, et de l'adresse que ces prélats avaient présentée, le même jour, à Sa Sainteté. Mais nous nous réservions de vous transmettre plus tard le texte complet de ces deux mémorables documents.

Nous vous les adressons aujourd'hui, Messieurs et Chers Coopérateurs. Ils sont accompagnés de plusieurs pièces accessoires qui, sans avoir, à beaucoup près, la même importance, seront cependant pour vous, nous n'en doutons point, d'un grand intérêt. Les unes s'adressent au clergé catholique en général, les autres concernent notre diocèse en particulier et lui appartiennent.

Ces dernières constatent la part que, tous, nous avons prise aux évènements qui ont si cruellement affligé l'Eglise Romaine dans ces derniers temps, et la bonté paternelle avec laquelle Pie IX a daigné accueillir l'expression de notre profond dévouement à son auguste Personne et de notre bon vouloir pour la défense des intérêts et des droits du Saint Siége.

Les adresses que vous nous aviez remises à la fin de vos édifiantes retraites, et qui, suivant le vœu que vous aviez exprimé, ont été transmises au Saint Père, occupent, à juste titre, une grande place dans ce recueil.

Nous tenons à ce qu'elles soient religieusement conservées dans les archives de toutes nos paroisses.

Ce sera pour vous tous, Messieurs et Chers Coopérateurs, un honneur bien mérité que vos noms restent ainsi attachés, autant et de la manière qu'ils pouvaient l'être, à l'un des évènements qui ont donné, en ce siècle, le plus de consolation et d'espérance au monde catholique.

Il vous sera doux de penser que les églises où vous aurez exercé votre zèle conserveront, après vous, la preuve irrécusable et l'énergique expression de l'amour, du respect, de l'inébranlable fidélité que vous gardez au milieu de leurs douleurs et de leurs périls, à l'Eglise Mère et Maîtresse de toutes les églises, et à l'admirable Pontife qui occupe avec tant de gloire et de sainteté le Siége Apostolique.

I.

Lettre par laquelle S. E. le Cardinal Préfet de la S. Congrégation du Concile invite, au nom du S. Père, les évêques à se rendre à Rome, pour assister à la canonisation des Martyrs Japonais.

« *Perillustris ac Reverendissime Domine*,

» Nihil gratius mihi accidere poterat, quam ut ex mandato Sanctissimi Domini Nostri Amplitudini Tuæ significarem, Sanctitatem Suam proximo mense Majo constituisse duo semi-publica habere Consistoria, iisque peractis, ipso solemni Pentecostes festo in Sanctorum album referre viginti tres Beatos Martyres Japonenses ex Franciscali Ordine, Minorum Observantium, nempe B. Petrum Baptistam et Socios ejus, atque etiam Beatum Michaelem de Sanctis Confessorem ex Ordine Sanctissimæ Trinitatis Redemptionis Captivorum. Porro Sanctitas Sua vestigiis Decessorum Suorum inhaerens, Italiæ Episcopos Romam pro sua auctoritate arcessere exoptasset, ut in re tanti momenti gravissimam suam sententiam aperirent, suaque præsentia tantæ solemnitati decus augerent. At vero animo reputans acerbissimas, quibus Italia ex maxima parte premitur, temporum calamitates, quæ non omnes Pastores à suo grege abesse patiuntur, à consueto instituto censuit hac vice esse deflectendum. Quamobrem Summus Pontifex mihi injungere dignatus est, ut non solis Italiæ, sed et totius Catholici Orbis Episcopis has darem literas, quibus jucundissimum hujusmodi afferam nuncium, simulque declarem, rem gratissimam Eidem Sanctitati Suæ facturos illos sive ex Italia sive ex aliis Orbis partibus Antistites, qui sine gravi ovium damno et sine ullo alio peculiari impedimento romanum iter tempestive aggredi existimaverint, ut Consistoriis, tantæque celebritati interesse queant. Ceterum hujusmodi ad Urbem profectio, quando eam inire licuerit, perinde ex Sanctissimi Domini Nostri mente valebit, ac si ad implendum Sacrorum Liminum visitationis onus inita fuisset.

» Hæc habe de mandato Sanctitatis Suæ. Ego vero impensos observantiæ meæ sensus testatos velim Ampl. Tuæ cui fausta omnia precor à Domino.

» Ampl. Tuæ

» Romæ ex S. Cong. Concilii die 18 Januarii 1862.

» Uti Frater Stud^{s}.

» P. Card. CATERINI, Præf. »

» Rmo Archiepo Cameracen. »

C'est, comme on l'a si souvent et si justement remarqué, sur ce simple désir de cœur, exprimé dans des termes aussi ménagés, aussi délicats, que le monde entier s'est ébranlé, et que de toutes les extrémités de la terre les représentants de tous les peuples catholiques sont venus mettre aux pieds de Pie IX leur dévouement et leur amour.

II.

Après avoir reçu cette si douce et si paternelle invitation, nous adressâmes au S. Père la lettre suivante :

« BEATISSIME PATER,

» Ubi primùm ex Eminentissimi S. Congregationis Concilii Præfecti litteris didici rem gratissimam Sanctitati Vestræ facturos illos ex omnibus Orbis partibus antistites, qui sine gravi ovium damno, Romam se conferre possent ac illi celebritati interesse quâ, ipso solemni Pentecostes festo, Beatos Martyres Japonenses Sanctitas Vestra in Sanctorum album referre constituit, omnia continuò disposui ut hoc iter tempestivè aggredi valeam, providique nequid indè detrimenti diœcesis mea patiatur.

» Spero itaque, Beatissime Pater, fore ut, adjuvante Deo, proximum Ascensionis Domini festum Romæ celebrem. Meæ me Diœcesis visitatio usquè ad decimam quintam Maii diem necessariò detinebit.

» Nihil sanè mihi jucundius, Beatissime Pater, nihil optatius contingere poterat quam Sanctitatem Vestram, ipsâ præsertim vocante, adire, alloqui Eique coràm ac vivâ voce testari, quod litteris pluriès anteà testatus sum, quâ fide, observantiâ ac devotione, quo amore et obsequio Summo Pontifici et Sanctæ Sedi hujusce diœcesis meæ clerus omnis populusque fidelis devinciantur; quo studio, quibus votis prosequantur, quibusque auxiliis juvare certent sanctissimum suum et amantissimum Patrem *agonisantem pro justitiâ*, mirâque animi constantiâ acerbissima quæque et iniquissima protuendis sanctissimis Ecclesiæ juribus tolerantem.

» Quam quidem devotissimæ nostræ omnium et constantissimæ voluntatis significationem benignè accipiendam esse à Sanctitate Vestrâ planè confido, Eique nonnihil solatii allaturam spero inter acerbissimas illas quibus premitur ærumnas et calamitates.

» Mihi verò magnum suscepti itineris emolumentum erit Sanctitatis Vestræ, Beatissime Pater, monita, mandata audire, quæ me, in tantâ temporum iniquitate, instruant, excitent, dirigant, Apostolicamque vestram benedictionem accipere. Quam interim ad sacros pedes provolutus mihi ipsi diœcesique meæ enixè postulo

» Sanctitatis Vestræ,

» Beatissime Pater,

» Cameraci, die 5ª Martii 1862.

» Humillimus obsequentissimusque filius. »

Sa Sainteté daigna nous écrire qu'Elle accueillerait avec la plus affectueuse bonté la visite que nous devions avoir le bonheur de lui faire :

« **PIUS PP. IX.**

» Venerabilis Frater, Salutem et Apostolicam Benedictionem. Pergratæ nobis fuerunt Tuæ Litteræ, quibus, Venerabilis Frater, significas Te, vix acceptâ Cardinalis Præfecti Nostræ Concilii Congregationis Encyclicâ Epistolâ, omnia sedulò disposuisse, ut sine ullo istius Tuæ diœcesis discrimine Romanum iter tempestivè aggredi, et interesse possis solemni Sanctorum Canonizationi, quam, Deo benè juvante, die Pentecostes celebraturi sumus. Id summam Nobis attulit voluptatem, ac Tibi persuadeas velimus, nihil nobis gratius fore, quam ut Te præsentem intueamur, amanterque amplectamur, Tuoque perfruamur alloquio. Ne intermittamus, Venerabilis Frater, ardentiore usque studio clementissimum misericordiarum Patrem orare et obsecrare, ut Ecclesiam suam sanctam à tantis calamitatibus eripiat, eamque ubique terrarum novis ac splendidioribus triumphis exornet et augeat, omnesque Ecclesiæ, et hujus Apostolicæ Sedis hostes de iniquitatis viâ ad justitiæ salutisque semitas reducat. Deniquè cœlestium omnium munerum auspicem, et præcipuæ Nostræ in Te benevolentiæ pignus Apostolicam Benedictionem intimo cordis affectu Tibi ipsi, Venerabilis Frater, et gregi Tuæ vigilantiæ commisso impertimus.

» Datum Romæ apud Sanctum Petrum die 27 Martii anno 1862.

» Pontificatûs Nostri anno decimo sexto.

PIUS PP. IX. »

III

A notre départ pour Rome, le **22** Mai, le Chapitre de l'Eglise Métropolitaine nous remit, avec prière de la déposer aux pieds du Souverain Pontife, une adresse conçue en ces termes :

« Très-Saint Père,

« Accompagnant d'esprit et de cœur leur Illustrissime et Révérendissime Archevêque, qui, sur l'invitation de Votre Sainteté, se rend à Rome, les Chanoines et Chapitre de l'Eglise Métropolitaine de Cambrai saisissent, avec empressement, cette occasion de déposer aux pieds de Votre Sainteté l'humble et affectueuse expression des sentiments que la foi leur inspire envers Votre Personne sacrée et envers le Saint Siége Apostolique.

» Très-Saint Père, nous vénérons dans Votre Sainteté le successeur du Bienheureux Pierre, que N. S. J.-C. a établi Chef et fondement visible de sa sainte Eglise, qu'il a fait son représentant et son Vicaire, le dépositaire de sa toute puissance spirituelle, le Pasteur suprême de ses brebis, comme de ses agneaux, chargé de maintenir et de perpétuer l'enseignement divin, et de diriger ses ouailles dans la voie de la vérité, de la justice et de la vie éternelle.

» Instruits dans cette foi divine, et considérant N. S. J.-C. lui-même en Votre Sainteté, qui le représente, nous tenons fermement et nous professons, avec l'assistance divine, tout ce que Votre Sainteté enseigne et décide ; nous condamnons et nous réprouvons tout ce qu'Elle condamne et réprouve ; nous sommes résolus de suivre constamment la voie qu'Elle nous trace.

« O Eglise romaine ! — aimons-nous à redire, avec l'un des plus illustres » Archevêques de ce siége de Cambrai, — « O cité sainte ! O chère et com- » mune patrie de tous les chrétiens !.... Tout est fait un seul peuple dans » votre sein ; tous sont citoyens de Rome, et tout catholique est romain. O » mère, quiconque est enfant de Dieu, est aussi le vôtre ! O Eglise, d'où » Pierre confirmera à jamais ses frères, que ma main droite s'oublie, si je » vous oublie jamais ! Que ma langue se sèche et devienne immobile, si vous » n'êtes pas, jusqu'au dernier soupir de ma vie, le principal objet de ma joie » et de mes cantiques ! »

» Vos joies et vos tristesses, Très-Saint Père, sont aussi nos joies et nos tristesses ; et ce glaive de douleur qui, en ces temps d'épreuve, transperce votre cœur paternel, transperce aussi le cœur de vos enfants de Cambrai. A l'exemple de nos premiers frères dans la foi, priant sans interruption pour le Chef visible de l'Eglise, nous adressons à Dieu, par l'entremise puissante de la divine et immaculée Mère, des prières continues, afin d'obtenir que ces épreuves soient abrégées, que le Seigneur éloigne ces calamités, dissipe et renverse les projets des ennemis de son Eglise, qu'Il console et soutienne le cœur paternel de Votre Sainteté ; que, par un effet de son infinie miséricorde, il éclaire et convertisse ceux qui, dans leur aveuglement, aspirent à la ruine de la religion ; que tous deviennent dociles à votre voix, qui est celle du divin Pasteur. »

» Implorant votre paternelle bénédiction, nous sommes,

» Très-Saint Père,

» De Votre Sainteté,

» Les très-humbles et très-obéissants serviteurs, »

BONCE, grand Pénitencier.
DUPONT, grand Ministre.
DUPREZ, grand Maître des Cérémonies.
PIQUET, Archiprêtre.
DALENNES.
LELEU, grand Chantre.
BURY, promoteur de l'Officialité.
CAILLIAU.
DELEFORTRIE, secrétaire de l'Archevêché.

M. l'Abbé DEBORD, Théologal, absent du diocèse, pour cause de maladie, n'a pu souscrire avec ses collègues.

Cette adresse fut remise par nous entre les mains du Saint Père, le 2 Juin, et voici la réponse que Sa Sainteté avait la bonté d'y faire, le 18 du même mois :

« **PIUS PP. IX.**

» Dilecti Filii salutem et Apostolicam Benedictionem. Dignas plane voces pietate et religione vestra iis literis edidistis, quas, egregio Pastore vestro in Urbem adventante, ad Nos curavistis deferri. Recte ac sapienter facitis huic

Cathedræ veritatis firmiter adhærentes, quamvis potestates tenebrarum et sæculi adversus eam nefaria conjunctione conspirent. *Soliditas enim illius fidei,* ut monet S. Leo, *quæ in Apostolorum principe est laudata, perpetua est. Et sicut permanet quod in Christo Petrus credidit, ita permanet quod in Petro Christus instituit* (serm. 2). Cœterum pietatem vestram apprime decet precibus et supplicationibus, prout hactenus fecistis, sine intermissione vacare: ita enim fiet, ut victoria illa, quam propter promissiones suas, divinus Auctor Ecclesiæ est præstiturus, citior, uberior, et jucundior Nobis concedatur. Hac spe suffulti Pontificiam charitatem Nostram vobis ultro testamur, et Benedictionem Apostolicam, quam postulastis, peramanter impertimur.

» Datum Romæ apud S. Petrum die 18 Junii 1862.

» Pontificatus Nostri Anno XVII.

PIUS PP. IX. »

IV.

Allocution du Saint Père, prononcée en Consistoire le 9 *Juin* 1862 (1).

VENERABILES FRATRES,

Maxima quidem lætitia affecti fuimus, Venerabiles Fratres, cum Sanctorum honores et cultum, Deo bene juvante, septem et viginti invictissimis divinæ nostræ religionis heroibus hesterno die decernere potuerimus, Vobis lateri Nostro adstantibus, qui egregia pietate ac virtute præditi, et in sollicitudinis Nostræ partem vocati in hac tanta temporum asperitate strenue dimicantes pro Domo Israel summo Nobis solatio et consolationi estis. Utinam vero dum hujusmodi perfundimur gaudio, nulla mœroris luctusque causa Nos aliunde contristaret. Non possumus enim non vehementer dolere et angi, cum videamus tristissima, et nunquam satis deploranda mala ac damna, quibus cum

(1) Nous ne donnons que le texte latin. Les traductions trop précipitées qui en furent faites par les journaux, au moment où elle fut publiée, laissent beaucoup à désirer et n'en peuvent donner qu'une idée très-imparfaite.

Il en faut dire autant de l'adresse des évêques, dont quelques passages n'ont pas été exactement compris par les traducteurs.

permagno animarum detrimento catholica nunc Ecclesia, et ipsa civilis societas miserandum in modum premitur ac divexatur. Optime enim noscitis, Venerabiles Fratres, teterrimum sane bellum contra rem catholicam universam ab iis hominibus conflatum, qui inimici Crucis Christi sanam non sustinentes doctrinam, ac nefaria inter se societate conjuncti quæcumque ignorant blasphemant, ac pravis cujusque generis artibus sanctissimæ nostræ religionis, et humanæ societatis fundamenta labefactare, immo, si fieri unquam posset, penitus evertere, omniumque animos mentesque perniciosissimis quibusque erroribus imbuere, corrumpere et a catholica religione avellere moliuntur. Nimirum callidissimi isti fraudum artifices, et fabricatores mendacii non cessant monstrosa quæque veterum errorum portenta, jam sapientissimis scriptis toties profligata ac depulsa, gravissimoque Ecclesiæ judicio damnata, e tenebris excitare, eaque novis, variis ac fallacissimis formis verbisque expressa exaggerare, et modis omnibus usquequaque disseminare. Hac funestissima ac diabolica prorsus arte rerum omnium scientiam contaminant, deturpant, mortiferum ad animarum perniciem virus diffundunt, effrenatam vivendi licentiam, et pravas quasque cupiditates fovent, religiosum ac socialem ordinem invertunt, et omnem justitiæ, veritatis, juris, honestatis et religionis ideam extinguere conantur, et sanctissima Christi dogmata, doctrinam irrident, contemnunt, oppugnant. Horret quidem refugitque animus, ac reformidat vel leviter attingere præcipuos tantum pestiferosque errores, quibus hujusmodi homines miserrimis hisce temporibus divina et humana cuncta permiscent.

» Nemo vestrum ignorat, Venerabiles Fratres, ab hujusmodi hominibus plane destrui necessariam illam cohærentiam, quæ Dei voluntate intercedit inter utrumque ordinem, qui tum in natura, tum supra naturam est, itemque ab ipsis omnino immutari, subverti, deleri propriam, veram germanamque divinæ revelationis indolem, auctoritatem, Ecclesiæque constitutionem et potestatem. Atque eo opinandi temeritate progrediuntur, ut omnem veritatem, omnemque legem, potestatem et jus divinæ originis audacissime denegare non metuant. Siquidem haud erubescunt asserere, philosophicarum rerum, morumque scientiam, itemque civiles leges posse et debere a divina revelatione, et Ecclesiæ auctoritate declinare, et Ecclesiam non esse veram perfectamque societatem plane liberam, nec pollere suis propriis et constantibus juribus sibi a divino suo Fundatore collatis, sed civilis potestatis esse definire, quæ sint Ecclesiæ jura et limites, intra quos eadem jura excerecre queat. Hinc perverse comminiscuntur, civilem potestatem posse se immiscere rebus, quæ ad religionem, mores et regimen spirituale pertinent, atque etiam impedire quominus Sacrorum Antistites et fideles populi cum Romano Pontifice supremo totius Ecclesiæ Pastore divinitus constituto libere ac mutuo communicent, ut plane dissolvatur necessaria et arctissima illa conjunctio, quæ inter membra mystici corporis Christi, et adspectabile suum caput ex divina ipsius Christi Domini institutione esse omnino debet. Nihil vero timent omni fallacia ac dolo in vulgus proferre, sacros Ecclesiæ ministros, Romanumque Pontificem ab omni rerum temporalium jure ac dominio esse omnino excludendos.

» Summa præterea impudentia asserere non dubitant, divinam revelationem non solum nihil prodesse, verum etiam nocere hominis perfectioni, ipsamque divinam revelationem esse imperfectam, et iccirco subjectam *continuo* et *indefinito* progressui, qui humanæ rationis progressioni respondeat. Nec verentur proinde jactare, prophetias et miracula in sacris Litteris exposita et narrata, esse poetarum commenta, et sacrosancta divinæ fidei nostræ mysteria philosophicarum investigationum summam, ac divinis utriusque testamenti libris mythica contineri inventa, et ipsum Dominum Nostrum Jesum Christum, horribile dictu! mythicam esse fictionem. Quare hi turbulentissimi perversorum dogmatum cultores blaterant, morum leges divina haud egere sanctione, et minime opus esse, ut humanæ leges ad naturæ jus conformentur, aut obligandi vim à Deo accipiant, ac propterea asserunt, nullam divinam existere legem. Insuper inficiari audent omnem Dei in homines mundumque actionem, ac temere affirmant, humanam rationem nullo prorsus Dei respectu habito, unicum esse veri et falsi, boni et mali arbitrum, eamdemque humanam rationem sibi ipsi esse legem, ac natnralibus suis viribus ad hominum ac populorum bonum curandum sufficere. Cum autem omnes religionis veritates ex nativa humanæ rationis vi perverse derivare audeant, tum cuique homini quoddam veluti primarium jus tribuunt, ex quo possit libere de religione cogitare et loqui, eumque Deo honorem et cultum exhibere, quem pro suo libito meliorem existimat.

» At vero eo impietatis et impudentiæ deveniunt, ut cælum petere, ac Deum ipsum de medio tollere conentur. Insigni enim improbitate ac pari stultitia haud timent asserere, nullum supremum sapientissimum providentissimumque Numen divinum existere ab hac rerum universitate distinctum, ac Deum idem esse ac rerum naturam, et iccirco immutationibus obnoxium, Deumque reapse fieri in homine et mundo, atque omnia Deum esse, et ipsissimam Dei habere substantiam, ac unam eamdemque rem esse Deum cum mundo, ac proinde spiritum cum materia, necessitatem cum libertate, verum cum falso, bonum cum malo, et justum cum injusto. Quo certe nihil dementius, nihil magis impium, nihil contra ipsam rationem magis repugnans fingi et excogitari unquam potest. De auctoritate autem et jure ita temere effutiunt, ut impudenter dicant, auctoritatem nihil aliud esse, nisi numeri et materialium virium summam, ac jus in materiali facto consistere, et omnia hominum officia esse nomen inane, et omnia humana facta juris vim habere.

» Jam porro commenta commentis, deliramenta deliramentis cumulantes, et omnem legitimam auctoritatem, atque omnia legitima jura, obligationes, officia conculcantes, nihil dubitant in veri legitimique juris locum substituere falsa ac mentita virium jura, ac morum ordinem rerum materialium ordini subjicere. Neque alias vires agnoscunt, nisi illas, quæ in materia positæ sunt, et omnem morum disciplinam honestatemque collocant in cumulandis et augendis quovis modo divitiis, et in pravis quibusque voluptatibus explendis. Atque hisce nefariis abominandisque principiis reprobum carnis spiritui rebellis sensum tuentur, fovent, extollunt, illique naturales dotes ac iura tribuunt, quæ per catholicam doctrinam conculcari dicunt, omnino despicientes monitum Apostoli clamantis « si secundum carnem vixeritis, moriemini, si autem » spiritu facta carnis mortificaveritis, vivetis. » Omnia præterea legitimæ cujusque proprietatis jura invadere, destruere contendunt, ac perperam animo et cogitatione confingunt et imaginantur jus quoddam *nullis circumscriptum limitibus,* quo reipublicæ Statum pollere existimant, quem omnium jurium originem et fontem esse temere arbitrantur.

» Dum vero hos præcipuos infelicissimæ nostræ ætatis errores dolenter ac raptim perstringimus, recensere omittimus, Venerabiles Fratres, tot alias fere innumerabiles falsitates et fraudes Vobis apprime notas ac perspectas, quibus Dei hominumque hostes rem tum sacram tum publicam perturbare et convellere connituntur. Ac silentio prætermittimus multiplices gravissimasque injurias, calumnias, convicia, quibus sacros Ecclesiæ ministros, et hanc Apostolicam Sedem dilacerare et insectari non desinunt. Nihil loquimur de iniqua sane hypocrisi, qua funestistimæ, in Italia præsertim, perturbationis ac rebellionis duces et satellites dictitant, se velle, Ecclesiam sua gaudere libertate, dum sacrilego prorsus ausu omnia ipsius Ecclesiæ jura et leges quotidie magis proculcant, ejusque bona diripiunt, et Sacrorum Antistites, ecclesiasticosque viros suo munere præclare fungentes quoquo modo divexant, et in carcerem detrudunt, et Religiosorum Ordinum Alumnos, ac Virgines Deo sacras e suis cœnobiis violenter exturbant, suisque propriis bonis spoliant, nihilque intentatum relinquunt, ut ipsam Ecclesiam in turpissimam redigant servitutem et opprimant. Ac dum singularem certe ex optatissima Vestra præsentia voluptatem percipimus, Vos ipsi videtis, quam libertatem nunc habeant Venerabiles Fratres Sacrorum in Italia Antistites, qui strenue constanterque præliantes prælia Domini minime potuerunt, cum summo animi Nostri dolore, adversantium opera, ad Nos venire, et inter Vos versari, atque huic adesse conventui, quod summopere optavissent, quemadmodum infelicis Italiæ Archiepiscopi et Episcopi suis Litteris summi erga Nos, et hanc Sanctam Sedem amoris et obsequii plenissimis significarunt. Neminem etiam ex Sacrorum in Lusitania Antistitibus hic adesse cernitis, ac non parum dolemus, inspecta difficultatum natura, quæ obstiterunt quominus ipsi romanum iter aggredi possent. Recensere autem omittimus tot alia sane tristia et horrenda, quæ ab hisce perversarum doctrinarum cultoribus cum incredibili Nostro ac Vestro, et omnium bonorum luctu patrantur. Nihil item dicimus de impia conspiratione, et pravis cujusque generis molitionibus ac fallaciis, quibus civilem hujus Apostolicæ Sedis principatnm omnino evertere ac destruere volunt. Juvat potius hac de re commemomare miram prorsus consentionem, qua Vos ipsi, una cum aliis Venerabilibus Fratribus universi catholici orbis Sacrorum Antistitibus, nunquam intermisistis, et epistolis ad Nos datis, et pastoralibus litteris ad fideles scriptis, hujusmodi fallacias detegere, refutare, ac simul docere, hunc civilem Sanctæ Sedis principatum Romano Pontifici fuisse singulari divinæ providentiæ consilio datum, illumque necessarium esse, ut idem Romanus Pontifex nulli unquam Principi aut civili potestati subjectus supremam universi Dominici gregis pascendi regendique potestatem auctoritatemque ab ipso Christo Domino divinitus acceptam per universam Ecclesiam plenissima libertate exercere, ac majori ejusdem Ecclesiæ, et fidelium bono, utilitati et indigentiis consulere possit.

» Quæ hactenus lamentati sumus, Venerabiles Fratres, luctuosum plane exhibent spectaculum. Quis enim non videt tot pravorum dogmatum iniquitate, ac tot nequissimis deliramentis et machinationibus magis in dies christianum populum misere corrumpi, et ad exitium impelli, et catholicam Ecclesiam, ejusque salutarem doctrinam ac veneranda jura et leges, sacrosque ministros oppugnari, et iccirco omnia vitia et scelera invalescere ac propagari, et ipsam civilem societatem exagitari?

» Nos itaque Apostolici Nostri ministerii probe memores, ac de spirituali omnium populorum bono et salute Nobis divinitus commissa vel maxime solliciti, cum « aliter » ut sanctissimi decessoris Nostri Leonis verbis utamur « Nobis commissos regere non possimus, nisi hos, qui sunt perditores et » perditi, zelo fidei Dominicæ persequamur, et a sanis mentibus, ne pestis » hæc latius divulgetur, severitate, qua possumus abscindamus, » in hoc amplissimo Vestro consessu Apostolicam Nostram attollentes vocem omnes commemoratos præsertim errores non solum catholicæ fidei ac doctrinæ, divinis ecclesiasticisque legibus, verum etiam ipsi sempiternæ ac naturali legi et justitiæ, rectæque rationi omnino repugnantes et summopere adversos reprobamus, proscribimus atque damnamus.

» Vos autem, Venerabiles Fratres, qui estis sal terræ, et Dominici gregis Custodes, ac Pastores, etiam atque etiam excitamus et obtestamur, ut pro eximia Vestra religione et episcopali zelo pergatis, veluti adhuc cum summa Vestri Ordinis laude fecistis, omni cura, sedulitate et studio fideles Vobis traditos ab hisce venenatis pascuis arcere, et qua voce, qua opportunis scriptis tot perversarum opinionum monstra refellere et profligare. Optime enim scitis de summa re agi, cum agatur de sanctissimæ fidei nostræ, ac de catholicæ Ecclesiæ, ejusque doctrinæ causa, de populorum salute, et humanæ societatis bono ac tranquillitate. Itaque, quantum in Vobis est, ne desinatis unquam à fidelibus avertere tam diræ pestis contagia, id est, ab eorum oculis manibusque perniciosos libros et ephemerides eripere, ipsosque fideles sanctissimis augustæ nostræ religionis præceptionibus assidue imbuere et erudire, ac monere et exhortari, ut ab hisce iniquitatis magistris, tamquam à facie colubri effugiant. Pergite Vestras omnes curas cogitationesque in id potissimum conferre, ut Clerus sancte scienterque instituatur, omnibusque virtutibus fulgeat, ut utriusque sexus juventus ad morum honestatem, pietatem, omnemque virtutem sedulo formetur, ut salutaris sit studiorum ratio. Ac diligentissime advigilate et prospicite, ne in humaniores litteras, severioresque disciplinas tradendas aliquid unquam irrepat quod fidei, religioni, bonisque moribus adversetur. Viriliter agite, Venerabiles Fratres, et ne animo unquam concidatis in hac tanta temporum perturbatione et iniquitate, sed divino auxilio omnino freti, ac *sumentes in omnibus scutum inexpugnabile æquitatis et fidei, atque assumentes gladium spiritus, quod est verbum Dei,* ne intermittatis omnium catholicæ Ecclesiæ, et hujus Apostolicæ Sedis hostium conatibus obsistere, eorumque tela retundere et impetus frangere.

» Interim vero dies noctesque, sublatis ad cælum oculis, non desistamus, Venerabiles Fratres, clementissimum misericordiarum Patrem, et Deum totius consolationis, qui de tenebris facit lucem splendescere, quique potens est de lapidibus suscitare filios Abrahæ, in humilitate cordis nostri ferventissimis precibus indesinenter orare et obsecrare, ut per merita Unigeniti Filii Sui Domini Nostri Jesu Christi velit christianæ et civili reipublicæ auxiliariam porrigere dexteram, omnesque disperdere errores et impietates, ac divinæ suæ gratiæ lumine omnium errantium mentes illustrare, illosque ad se convertere et revocare, quo Ecclesia sua sancta optatissimam assequatur pacem, et ubique terrarum majora in dies incrementa suscipiat, ac prospere vigeat et efflorescat. Ut autem quæ petimus et quærimus facilius consequi possimus, ne cessemus adhibere primum deprecatricem apud Deum Immaculatam Sanctissimamque Deiparam Virginem Mariam, quæ misericordissima, et amantissima nostrum omnium mater, cunctas semper interemit hæreses, et cujus nullum apud Deum præsentius patrocinium. Petamus quoque suffragia tum sancti ejusdem Virginis Sponsi Josephi, tum sanctorum Apostolorum Petri et Pauli, omniumque cælitum, et illorum præsertim, quos nuper Sanctorum fastis adscriptos colimus et veneramur.

» Antequam vero dicendi finem faciamus, Nobis temperare non possumus quin iterum testemur et confirmemus, summa Nos uti consolatione, dum jucundissimo Vestrum omnium conspectu fruimur, Venerabiles Fratres, qui tanta fide, pietate et observantia Nobis et huic Petri Cathedræ firmiter obstricti, ac ministerium Vestrum implentes, majorem Dei gloriam, et animarum salutem omni studio procurare gloriamini, quique concordissimis animis, atque admirabili sane cura et amore, una cum aliis Venerabilibus Fratribus totius catholici orbis Episcopis et fidelibus Vestræ et illorum curæ commissis, gravissimas Nostras angustias et acerbitates modis omnibus lenire et sublevare non desinitis. Quocirca hac etiam occasione, amantissimi æque ac gratissimi animi Nostri sensus erga Vos, et alios omnes Venerabiles Fratres, et ipsos fideles amplissimis verbis palam publiceque profitemur. A Vobis autem exposcimus, ut cum ad Vestras redieritis Diœceses, velitis eisdem fidelibus Vestræ vigilantiæ concreditis hos animi Nostri sensus Nostro nomine nuntiare, illosque certiores facere de paterna Nostra in illos caritate, deque Apostolica Benedictione, quam ex intimo corde profectam, et cum omnis veræ felicitatis voto conjunctam Vobis ipsis, Venerabiles Fratres, et eisdem fidelibus impertire vehementer lætamur. »

V.

Après l'allocution, Son Eminence le Cardinal Mattei, Doyen du Sacré Collège, lut, et, au nom de tous les Evêques réunis à Rome (1), *présenta humblement au Saint-Père l'Adresse suivante :*

« Beatissime Pater,

» Ex quo Apostoli Jesu Christi sacro Pentecostes die Petro Ecclesiæ Capiti in oratione adhærentes, Spiritum Sanctum acceperunt, et divino ejus impulsu acti, cunctarum fere nationum viris in Urbe sancta congregatis, unicuique sua lingua potentiam Dei mirabilem anuuntiarunt, nunquam, ut credimus, ad hanc usque diem tot eorumdem hæredes, iisdem recurrentibus solemniis, venerandum Petri Successorem, orantem circumsteterunt, decernentem audierunt, regentem roborarunt. Quemadmodum vero Apostolis, media inter nascentis Ecclesiæ pericula, nil jucundius accidere potuit, quam divino Spiritu recens afflato assistere primo Christi in terris Vicario : ita nec nobis præsentes inter Ecclesiæ sanctæ angustias, antiquius sanctiusve aliud esse potuit, quam quidquid inest venerationis pietatisque erga Sanctitatem Tuam pectoribus nostris, ad pedes Beatitudinis Tuæ deponere, simul et unanimiter declarare,

(1) Ils étaient au nombre de 265. Il y avait de plus dans cette imposante réunion 23 Cardinaux qui n'étant titulaire d'aucun siége épiscopal n'ont pas souscrit l'adresse des évêques.

quanta prosequamur admiratione præclaras, quibus Supremus Pontifex Noster eminet virtutes, quantoque animo iis quæ Petrus alter docuit, vel quæ tam firmiter stata rataque esse voluit, adhæreamus.

» Corda nostra novus inflammat ardor, vividior fidei lux mentem illuminat, sanctior animam corripit amor. Linguas nostras flammis illius sacri ignis vibrantes sentimus, quæ Mariæ, cui assidebant Apostoli, mitissimum cor ardentiori pro hominum salute desiderio incendebant, ipsos vero Apostolos ad magnalia Dei prædicanda impellebant.

» Plurimas igitur agentes Beatudini Tuæ gratias, quod nos ad Pontificium solium difficillimis hisce temporibus accurrere, Te afflictum solari, nostrosque Tibi, cleri item ac populi nostræ curæ comissorum animi sensus aperire permiseris, Tibi uno ore unaque mente acclamamus, omnia fausta, cuncta bona adprecantes. Vive diu, Sancte Pater, valeque ad Catholicam regendam Ecclesiam. Perge, ut facis, eam Tuo robore tueri, Tua prudentia dirigere, Tuis exornare virtutibus. Præi nobis, ut bonus Pastor, exemplo, oves et agnos cœlesti pabulo pasce, aquis sapientiæ cœlestis refice. Nam Tu sanæ doctrinæ nobis Magister, Tu unitatis centrum, Tu populis lumen indeficiens a divina Sapientia præparatum. Tu Petra es, et ipsius Ecclesiæ fundamentum, contra quod inferorum portæ nunquam prævalebunt. Te loquente, Petrum audimus, Te decernente, Christo obtemperamus. Te miramur inter tantas molestias totque procellas fronte serena et imperturbato animo sacri muneris partibus fungentem, invictum et erectum.

» Dum tamen justissima in his gloriandi nobis suppetunt argumenta, non possumus quin simul oculos ad tristia convertamus. Undequaque enim menti nostræ se sistunt immania eorum facinora, qui pulcherrimam Italiæ terram, cujus Tu, Beatissime Pater, columen es et decus, misere vastarunt, ipsumque Tuum ac Sanctæ Sedis principatum, ex quo præclara quæque in civilem societatem veluti ex suo fonte dimanarunt, labefactare, ac funditus evertere connituntur. Nam neque perennia sæculorum jura, neque diuturna regiminis pacifica possessio, neque tandem fœdera totius Europæ auctoritate sancita et confirmata impedire potuerunt, quominus omnia susdeque verterentur, spretis legibus omnibus, quibus hactenus suffulta stabant imperia.

» Sed ut ad nostra propius accedamus, Te, Beatissime Pater, iis provinciis, quarum ope, et dignitati Sanctæ Sedis, et totius Ecclesiæ administrationi æquissime providebatur, nefario usurpatorum hominum scelere, qui non habent *nisi velamen malitiæ libertatem*, spoliatum cernimus. Quorum iniquæ violentiæ cum Sanctitas Tua invictissimo animo obstiterit, plurimas ei gratias, Catholicorum omnium nomine, censemus rependendas.

» Civilem enim Sanctæ Sedis principatum ceu quiddam necessarium ac providente Deo manifeste institutum agnoscimus; nec declarare dubitamus, in præsenti rerum humanarum statu, ipsum hunc principatum civilem pro bono ac libero Ecclesiæ animarumve regimine omnino requiri. Oportebat sane totius Ecclesiæ Caput Romanum Pontificem nulli Principi esse subjectum, imo nullius hospitem; sed in proprio dominio ac regno sedentem suimet juris esse, et in nobili, tranquilla, et alma libertate Catholicam Fidem tueri, ac propugnare, totamve regere ac gubernare Christianam Rempublicam.

» Quis autem inficiari possit in hoc rerum humanarum, opinionum, institutionumque conflictu necessarium esse ut servetur extrema in Europa medius, tres inter veteris mundi continentes, quidam veluti sacer locus, et Sedes augustissima, unde populis principibusque vicissim oriatur vox quædam magna potensque, vox nempe justitiæ et veritatis, nulli favens præ cæteris, nullius obsequens arbitrio, quam nec terrendo compescere, nec ullis artibus quisquam possit circumvenire?

» Qui porro vel hac vice fieri potuisset, ut Ecclesiæ Antistites securi huc ex toto Orbe accurrerent cum Sanctitate Tua de rebus gravissimis acturi, si ex tot et tam diversis regionibus gentibusque confluentes, principem aliquem invenissent his oris dominantem, qui vel principes ipsorum in suspicione habere, vel illis, suspectus ipse, adversaretur? Sua sunt etenim et christiano, et civi officia : haud quidem repugnantia inter se, sed diversa tamen : quæ adimpleri ab Episcopis quomodo possent, nisi perstaret Romæ civilis principatus, qualis est Pontificum, juris alieni omnino immunis, et centrum quodammodo universalis concordiæ, nihil ambitionis humanæ spirans, nihil pro terrena dominatione moliens?

» Ad liberum ergo Pontificem Regem venimus liberi, Ecclesiæ rebus utpote Pastores, et patriæ utpote cives bene et æque consulentes, neque Pastorum, neque civium officia posthabentes.

» Quæ cum ita sint, quisnam principatum illum tam veterem, tanta auctoritate, et tanta necessitatis vi conditum, audeat impugnare? Cui, si vel jus illud humanum, in quo posita est principum securitas populorumque libertas attendatur, quænam alia potestas possit comparari? Quæ tam venerabilis et sancta? Quæ sive pristinis sive recentioribus sæculis monarchia vel respublica juribus tam augustis, tam antiquis, tam inviolabilibus possit gloriari? Quæ omnia si semel et in hac Sancta Sede despecta atque proculcata fuerint, quisnam vel princeps de regno, vel respublica de territorio possint esse securi? Ergo, Sanctisime Pater, pro religione quidem, sed et pro justitia, juribusque, quæ sunt inter gentes rerum humanarum fundamenta, contendis atque decertas.

» Sed de hac tam gravi causa vix nos decet amplius verba proferre, qui Te de ipsa non tam disserentem quam docentem sæpe sæpius audivimus. Vox etenim Tua, quasi tuba sacerdotalis, toti orbi clangens proclamavit, quod «singulari prorsus divinæ Providentiæ consilio factum sit, ut Romanus Pontifex, quem Christus totius Ecclesiæ suæ Caput Centrumque constituit, civilem assequeretur principatum ; » ab omnibus igitur nobis esse pro certissimo tenendum non fortuito hoc regimen temporale Sanctæ Sedi accessisse, sed ex speciali divina dispositione illi esse tributum, longave annorum serie, unanimi omnium regnorum et imperiorum consensu, ac pæne miraculo corroboratum et conservatum.

» Alto pariter et solemni eloquio declarasti « Te civilem Romanæ Ecclesiæ principatum ejusque temporales possessiones ac jura, quæ ad universum Catholicum orbem pertinent, integra et inviolata constanter tueri, et servare velle; immo Sanctæ Sedis Principatus Beatique Petri patrimonii tutelam ad omnes Catholicos pertinere ; Teque paratum esse animam potius ponere quam hanc Dei, Ecclesiæ, ac justitiæ causam ullo modo deserere. » Quibus præclaris verbis nos acclamantes ac plaudentes respondemus, nos Tecum et ad carcerem et ad mortem ire paratos esse; Teque humiliter rogamus, ut in hac constantia, ac firmissimo proposito maneas immobilis, Angelis et hominibus invicti animi et summæ virtutis spectaculum factus. Id etiam à Te postulat Christi Ecclesia, pro cujus feliciori regimine Romanis Pontificibus civilis principatus providentissime fuit attributus, quæque adeo sensit ejusdem tutelam ad ipsam pertinere, ut, Sede olim Apostolica vacante, gravissimis in angustiis, temporales Romanæ Ecclesiæ possessiones omnes Constantiensis Concilii Patres, uti ex publicis patet documentis, in unum administrarent ; id postulant Christi fideles per omnes terrarum orbis regiones dispersi, qui libere ad Te venire, libereque conscientiæ suæ consulere gestiunt; id denique ipsa civilis deposcit societas, quæ ex Tui regiminis subversione sua ipsa nutare sentit fundamenta.

» Sed quid plura? Tu tandem aliquando scelestos homines et bonorum ecclesiasticorum direptores justo judicio damnans omnia quæ patraverant « irrita et nulla » proclamasti; actus omnes ab iis intentatos « illegitimos omnino et sacrilegos » esse decrevisti; ipsosque talium facinorum reos pœnis et censuris ecclesiasticis obnoxios jure ac merito declarasti.

» Hos tam graves Tui oris sermones, tamve præclara gesta nostrum est reverenter excipere, iisque plenum assensum renovare. Sicuti enim corpus capiti, cui jungitur membrorum compagine unaque vita, in omnibus condolet, ita nos Tecum consentire necesse est. Tibi in omni Tua hac acerbissima afflictione, sic conjungimur, ut quæ Tibi pati contingat, eadem et nos, amoris consensu, patiamur. Deum interea supplices invocamus, ut tam iniquæ rerum pertubationi finem ponat, Ecclesiamque Filii sui sponsam, tam misere expoliatam ac oppressam, pristino decori ac libertati restituat.

» Sed mirum nobis non est tam acriter, et infense Sedis Apostolicæ jura impeti et impugnari. Jam enim a pluribus annis, eo devenit nonnullorum hominum insania, ut non amplius singulas Ecclesiæ doctrinas rejicere, vel in dubium revocare conentur; sed totam penitus veritatem christianam, christianamque rempublicam funditus evertere sibi proponant. Hinc impiissima tentamina vanæ scientiæ, falsæque eruditionis contra Sacrarum Litterarum doctrinas, ipsarumque inspirationem; hinc malesana sollicitudo juventutem Ecclesiæ matris tutelæ subtractam quibusvis sæculi erroribus, vel seclusa sæpius omni religiosa institutione, imbuendi; hinc novæ eæque perniciosissimæ de sociali, politico æque ac religioso rerum ordine theoriæ, quæ impune quaquaversus sparguntur; hinc multis familiare, in his præsertim oris, Ecclesiæ auctoritatem spernere, jura sibi vindicare, præcepta proculcare, ministros vilipendere, cultum deridere, ipsos de Religione errores, imo ecclesiasticos quoque viros in perditionis viam misere abeuntes laudare ac in honore habere. Venerabiles Antistites ac Dei Sacerdotes exauctorantur, exulare coguntur, aut in carceres detruduntur; quinimo ante tribunalia civilia, pro constantia in sacro ministerio obeundo, contumeliose pertrahuntur. Gemunt Christi Sponsæ suis expulsæ tectis, inedia fere consumptæ, vel cito consumendæ; viri religiosi ad sæculum inviti remeare coguntur; sacro Ecclesiæ patrimonio violentæ manus injiciuntur; pessimorum librorum, ephemeridum, et imaginum colluvie, fidei, moribus, veritati, ipsi verecundiæ continuum asperrimumque bellum infertur.

» Sed qui talia moliuntur optime norunt in Sancta Sede, velut in arce inexpugnabili, robur ac vires omnis veritatis ac justitiæ inesse, quibus retundantur hostium impetus; ibi esse speculam, ex qua vigiles Summi Custodis oculi paratas insidias a longe conspiciunt, suis annuntiandas commilitonibus. Hinc odium implacabile, hinc insanabilis livor, hinc continuum scelestissimorum hominum studium, ut Sanctam Romanam Ecclesiam ejusque Sedem deprimant, ac si fieri unquam posset, prorsus exscindant.

» Quis, Beatissime Pater, talia conspiciens, vel etiam recensita audiens sibi temperet a lacrymis? Justo igitur dolore correpti oculos ac manus ad cœlos levamus, Divinum illum Spiritum toto mentis affectu implorantes, ut qui hac die olim nascentem Ecclesiam sub Petri regimine sanctificavit et roboravit, eam nunc, Te Pastore, Te Duce, tutetur, ampliet, ac glorificet. Testis sit votorum quæ nuncupamus, Maria per Te Immaculatæ titulo hoc ipso in loco solemniter aucta; testes hi sacri cineres quos veneramur Sanctorum Romanæ Ecclesiæ Patronorum Petri et Pauli, testes venerandæ exuviæ tot Pontificum, Martyrum, ac Confessorum, quæ hanc ipsam, quam premimus terram, sanctam reddunt; testes tandem præcipue nobis adstent Sancti isti, qui Cœlitum Ordini hac ipsa die supremo Tuo judicio adscripti, hodie Ecclesiæ tutelam novo titulo sunt suscepturi, primasque Omnipotenti Deo preces pro Tua quoque incolumitate suis de altaribus oblaturi.

» Adstantibus igitur istis omnibus, nos Episcopi, ne illud impietas vel ignorare simulet, vel audeat denegare, errores quos Tu damnasti, damnamus, doctrinas novas et peregrinas, quæ in damnum Ecclesiæ Jesu Christi passim propalantur, detestamur, et rejicimus; sacrilegia, rapinas, immunitatis ecclesiasticæ violationes, aliaque nefanda in Ecclesiam, Petrique Sedem commissa, reprobamus et condemnamus.

» Hanc vero protestationem, quam publicis Ecclesiæ tabulis adscribi petimus, Fratrum etiam nostrorum qui absunt nomine, tuto proferimus; sive eorum qui, tot inter angustias, vi detenti domi hodie silent ac plorant, sive qui gravibus negotiis, aut adversa valetudine impediti, nobiscum hodie adesse nequiverunt. Jungimus insuper nobis fidelem nostrum Clerum ac populum, qui eodem ac nos in Te amore, eadem pia reverentia animati, suum in Te studium, qua precibus sine intermissione fusis, qua opibus in Obulo S. Petri mira, ut plurimum, largitate oblatis luculentissime comprobarunt, probe scientes sacrificiis suis id quoque curari, ut dum necessitatibus Supremi Pastoris consulitur, simul et ejusdem libertati servandæ prospiciatur.

» Utinam ad communem hanc totius Orbis christiani, imo omnis socialis ordinis causam in tuto locandam universi populi conspirarent!

» Utinam intelligerent erudirenturque Reges et sæculi potestates, causam Pontificis omnium principum regnorumque esse causam, et quo tendant nefarii adversariorum ejus conatus, ac tandem *novissima providerent!*

» Utinam resipiscerent infelices illi aliquot ecclesiastici et religiosi viri, qui, vocationis suæ immemores, debitam Ecclesiæ Præsulibus obedientiam denegantes, atque ipsum quoque Ecclesiæ magisterium temere usurpantes, in viam perditionis abierunt!

» Hoc a Domino Tecum flentes, Beatissime Pater, enixe atque ex corde exoramus, dum ad Tuos sacros pedes provoluti, a Te robur cœleste expetimus quod Apostolica ac paterna benedictio Tua valet impertire. Sit hæc copiosa et ex intimis penetralibus Cordis Tui largiter effluens, ut non tantum nos, sed absentes quoque dilectissimos Fratres, itemque Fideles nobis commissos irriget ac perfundat. Sit talis quæ nostros et totius Orbis dolores leniat et demulceat, infirmitatem sublevet, operam ac laborem fœcundet, feliciora demum Ecclesiæ Sanctæ Dei tempora acceleret.

» Romæ hac die VIII mensis Junii anno Domini MDCCCLXII. »

† **Marius Card. Mattei Episc. Ostiensis et Veliternensis.**

† **Constantinus Card. Patrizi Episc. Portuensis et S. Rufinæ.**

† **Aloisius Card. Amat Episc. Prænestinus.**

† **Antonius Maria Card. Cagiano de Azevedo Episc. Tusculanus.**

† **Hieronymus Card. D'Andrea Episc. Sabinensis.**

† **Ludovicus Card. Altieri Episc. Albanensis.**

† **Engelbertus Card. Sterckx Archiep. Mechliniensis.**

† **Ludovicus Jacobus Mauritius Card. De Bonald Archiep. Lngdunensis.**

† **Fridericus Joannes Joseph Card. Schwarzenberg Archiep. Pragensis.**

† Dominicus Card. Carafa de Traetto Archiep. Beneventanus.

† Xyxtus Card. Riario Sforza Archiep. Neapolitanus.

† Jacobus Maria Ant. Cæsar Card. Mathieu Archiep. Bisuntinus.

† Thomas Card. Gousset Archiep. Rhemensis.

† Nicolaus Card. Wiseman Archiep. Westmonasteriensis.

† Franciscus Augustus Card. Donnet Archiep. Burdigalensis.

† Joannes Card. Scitowcki Archiep. Strigoniensis.

† Franciscus Nicolaus Maddalena Card. Morlot Archiep. Parisiensis.

† Joseph Maria Card. Milesi Abbas Commend. et Ordinarius Trium Fontium.

† Michael Card. Garcia Cuesta Archiep. Compostellanus.

† Cajetanus Card. Bedini Episc. Viterbiensis et Tuscanensis.

† Ferdinandus Card. De la Puente Archiep. Burgensis.

† Melchiades Ferlisi Patr. Constantinopolitanus.

† Carolus Belgrado Patr. Antiochenus.

† Joseph Trevisanato Patr. Venetiarum.

† Thomas Iglesias y Barcones Patr. Indiarum Occidentalium.

† Antonius Hassun Primas Constantinopolitanus rit. armen.

† Aloisius Maria Cardelli Archiep. Achridensis.

† Stephanus Missir Archiep. Hierenopolitanus rit. græc.

† Laurentius Trioche Archiep. Babilonensis Latinorum.

† Tobias Aun Archiep. Berytensis Maronitar.

† Emmanuel Marongiu-Nurra Archiep. Calaritanus.

† Joannes Joseph Maria De Jerphanion Archiep. Albiensis

† Joannes Franc Cometti Archiep. Nicomediensis.

† Mellonus Jolly Archiep Senonensis.

† Leo de Przyluski Archiep. Guesnensis et Posnaniensis.

† Alexander Asinari de Sanmarzano Archiep. Ephesinus.

† Edoardus Hurmuz Archiep. Siracensis arm. rit.

† Raphael d'Ambrosio Archiep. Durrachiensis.

† Joseph Maria De Belay Archiep. Avenionensis

† Paulus Cüllen Archiep. Dublinensis.

† Thomas Ludovicus Connolly Archiep. Halifaxiensis.

† Joannes Baptista Purcell Archiep. Cincinnatensis.

†. Joannes Hugues Archiep. Neo-Eboracensis.

† Renatus Franciscus Regnier Archiep. Cameracensis.

† Maximilianus de Tarnoczy Archiep. Salisburgensis.

† Antonius Ligi Bussi Archiep. Iconiensis.

† Aloisius Clementi Archiep. Damascenus.

† Silvester Guevara Archiep. De Venezuela.

† Joannes Zwysen Archiep. Ultrajectensis.

† Fridericus de Frustemberg Archiep, Olomucensis.

† Paulus Brunoni Archiep. Taronensis.

† Athanasius Sabugh Archiep. Tyrenus Melchitar.

† Andreas Bizzarri Archiep. Philippensis.

† Franciscus Xav. Apuzzo Archiep. Surrentinus.

† Andreas Gollmayr Archiep. Goritiensis et Gradiscanus.

† Vincentius Tizzani Archiep. Nisibinus.

† Petrus Villanova Castellacci Archiep. Petrensis

† Vincentius Spaccapietra Archiep. Smyrnensis.

† Michael Alexandriorum Archiep. Hyerosolimitanus armenor.

† Marianus Ricciardi Archiep, Reginensis.

† Salvator Nobili Vitelleschi Archiep. Seleuciensis.

† Alexander Franchi Archiep. Thessalonicensis.

† Gregorius Scherr Archiep. Monacensis et Frisingensis.

† Georgius Claudius Ludovicus Pius Chalandon Archiep. Aquensis.

† Joseph Dominicus Costa y Borras Archiep. Tarraconensis.

† Ludovicus De la Lastra y Cuesta Archiep. Vallisolitanus.

† Gustavus d'Hohenlohe Archiep Edessenus.

† Cajetanus Pace-Forno Archiep. Melitensis.

† Philippus Gallo Archiep. Patracensis.

† Petrus Giannelli Archiep. Sardiensis.

† Emmanuel Gargia Gil Archiep. Cæsaraugustanus.

† Goffredus Saint-Marc Archiep. Rhedonensis.

† Julianus Florianus Desprez Archiep. Tolosanus.

† Spiridion Maddalena Archiep. Corcyrensis.

† Marianus Barrio y Fernandez Archiep. Valentinus.

† Franciscus August. Delamare Archiep. Auxitanus.

† Carolus De la Tour d'Auvergne Lauraguais Archiep. Bituricensis.

† Meledius Archiep. Dramas rit. græc.

† Petrus Dominicus Maupas Archiep. Jadrensis

† Ignatius Giustiniani Episc. Chiensis.

† Raphael Sanctes Casanelli Episc. Adjacensis.

† Ludovicus Carolus Feron Episc. Claromontensis.

† Guillelmus Sillani Episc. Jam Terracinensis.

† Nicolaus Joseph Dehesselle Episc. Namurcensis.

† Ignatius Bourget Episc. Marianopolitanus.

† Jacobus Gillis Episc. Lymirensis.

† Fridericus Gabriel De Marguerye Episc. Augustodunensis.

† Joseph Montieri Episc. Aquinatensis Pontis Curvi et Soranus.

† Ludovicus Joseph Delebecque Episc. Gandavensis.

† Ludovicus Besi Episc. Canopensis.

† Georgius Antonius Stahl Episc. Erbipolensis.

† Thomas Joseph Brown Episc. Neoportensis.

† Carolus Gigli Episc. Tiburtinus.

† Franciscus Maria Vibert Episc. Maurianensis.

† Joannes Amatus De Vesins Episc. Agenensis.

† Joannes Topich Episc. Philippopolitanus.

† Nicolaus Crispigni Episc. Mandelensis.

† Andreas Raesz Episc. Argentinensis.

† Nicolaus Weis Episc. Spirensis.

† Joseph Armandus Gignoux Episc. Bellovacensis, Noviomensis et Sylvanectensis.

† Joannes Baptista Leonardus Bertaud Episc. Tutelensis.

† Joannes Jacobus David Bardou Episc. Cadurcensis.

† Guillelmus Arnoldi Episc. Trevirensis.

† Joannes Franciscus Wheland Episc. Aureliopolitanus.

† Paulus Georgius Dupont des Loges Episc. Metensis.

† Joannes Bernardus Fitzpatrick Episc. Bostoniensis.

† Joannes Mac Closkey Episc. Albanensis in Amer.

† Petrus Severini Episc. Sappensis in Albania.

† Joannes Martinus Henny Episc. Milwachiensis.

† Joannes Baptista Rosani Episc. Aerytrensis.

† Joannes Donney Episc. Montis Albani.

† Petrus Joseph De Preux Episc. Sedunensis.

† Gaspar Borowski Episc. Luceoriensis et Zytomeriensis.

† Carolus Mac-Nally Clogheriensis.

† Bernardus Maria Tirabassi Episc. Ferentinus.

† Urbanus Bogdanovich Episc. Europensis.

† Jacobus Maria Joseph Baillès Episc. Jam Lucionensis.

† Joannes Baptista Pellei Episc. Aquipendiensis.

† Stephanus Marilley Episc. Lausannensis et Genovensis.

† Theodorus Augustinus Forcade Episc. Nivernensis.

† Ludovicus Antonius Augustus Pavy Episc. Julia Cæsarensis.

† Antonius Martinus Slomscher Episc. Lavantinus.

† Guillelmus Bernardus Ullathorne Episc. Birminghamiensis.

† Aloisius Ricci Episc. Signinus.

† Joseph August. Victor De Morlhon Episc. Aniciensis.

† Joannes Timon Episc. Buffalensis.

† Amadeus Rappe Episc. Clevelandensis.

† Guillelmus Keane Episc. Cloynensis.

† Joseph Maria Benedictus Serra Episc. Dauliensis.

† Paulus Dodmassei Episc. Alexiensis.

† Angelus Parsi Episc. Nicopolitanus.

† Joannes Georgius Mullier Episc. Monasteriensis.

† Camillus Bisleti Episc. Cornetanus et Centumcellarum.

† Joannes Thomas Mullock Episc. S. Joann. de Terra-Nuova.

† Dominicus Canubio y Alberto Episc. Segobricensis.

† Joannes Antonius Balma Episc. Ptholemaidensis.

† Aloisius Kôbes Episc. Metonensis.

† Julianus Maria Meirieu Episc. Diniensis.

† Joannes Anton. Maria Foulquier Episc. Mimatensis.

† Franciscus Kelly Episc. Titopolitanus.

† Antonius Felix Dupanloup Episc. Aurelianensis.

† Joannes Antonius Episc. Arethusinus.

† Joannes Ranolder Episc. Vesprimiensis.

† Petrus Simon Lud. De Dreux Brézé Episc. Molinensis.

† Joseph Arachial Episc. Trapezuntinus armen.

† Franciscus Patagna Episc. Castrimaris.

† Guillelmus De Ketteler Episc. Moguntinus.

† Antonius Carolus Cousseau Episc. Engolismensis.

† Clemens Menguia Episc. Mecoacanus.

† Carolus Franciscus Baillargeon Episc. Thloanus.

† Guillielmus Turner Episc. Salfordensis.

† Mathias Augustinus Mencacci Episc. Civ. Castellanæ Hortanus et Gallesinus.

† Joannes Petrus Mabile Episc. Varsaliensis.

† Thomas Grant Episc. Suthwarcensis.

† Cajetanus Brinciotti Episc. Balneoregiensis.

† Joannes Bapt. Paulus Maria Lyonnet Episc. Valentinensis.

† Ignatius Feirgelle Episc. S. Hippolyti.

† Ludovicus Haynald Episc. Transilvaniensis.

† Joannes Jacobus Antonius Guerrin Episc. Lingonensis.

† Ludovicus Eugenius Regnault Episc. Carnutensis.

† Joseph La-Rocque Episc. S. Hyacinthi.

† Joseph Cardoni Episc. Caristensis.

† Gesualdus Vitali Episc. Agathopolitanus.
† Laurentius Biancheri Episc. Legionensis.
† Aloisius Filippi Episc. Aquilanus.
† Joseph Maria Ginouilhac Episc. Gratianopolitanus.
† Franciscus Joseph Rudiger Episc. Linciensis.
† Joseph Caixal y Estrade Episc. Urgellensis.
† Joannes Kilduff Episc. Ardagadensis.
† Joannes Loughlin Episc. Broklyniensis.
† Joannes Franciscus a Paula Verea Episc. De Linares.
† Jacobus Roosevell Baylay Episc. Nevarcensis.
† Petrus Expinosa Episc. de Guadalaxara.
† Aloisius Ciurcia Episc. Scodrensis.
† Ottocarus de Attems Episc. Secoviensis.
† Nicolaus Bedini Episc. Terracinensis.
† Ludovicus Maria Joseph Caverot Episc. S. Deodati.
† Hieronymus Fernandez Episc. Palentinus.
† David Moriarty Episc. Kerriensis et Aghadonensis.
† Benedictus Riccabona Episc. Tridentinus.
† Olympus Philip. Gerbet Episc. Elnensis.
† Aloisius Jona Episc. Montis Falisci.
† Petrus Barajas Episc. S. Aloisii Potosiensis.
† David Bacon Episc. Portlandensis.
† Franciscus Alexander Roullet de la Bouillerie Episc. Carcassonensis.
† Joannes Joseph Vitezich Episc. Vegliensis et Arbensis.
† Cajetanus Rodilossi Episc. Alatrinus.
† Nicolaus Renatus Sergent Episc. Corisopitensis.
† Pelagius Antonius Lavastida Episc. Tlascalensis.
† Guillelmus Vaughan Episc. Phlymoutensis.
† Laurentius Signani Episc. Sutrinus et Nepesinus.
† Nicolaus Pace Episc. Amerinus.
† Claudius Enricus Plantier Episc. Nemausiensis.
† Jacobus Duggan Episc. Chicagiensis.
† Clemens Smith Episc. Dubuquensis.
† Andreas Casasola Episc. Concordiensis.
† Antonius Joseph Jordany Episc. Forojuliensis et Tolonensis.
† Laurentius Gilooly Episc. Elphinensis.
† Daniel Mac-Gettingan Episc. Rapotensis.
† Joannes Dolton Episc. Portus Gratiæ.
† Joannes Farrell Episc. Hamiltonensis.
† Stephanus Semeria Episc. Olympensis.

† Carolus Nicolaus Didiot Episc. Bajocicensis.

† Corradus Martin Episc. Paterbonensis.

† Joannes Onoratus Bara Episc. Catalaunensis.

† Joseph Wiber Episc. Halanensis.

† Laurentius Bergeretti Episc. Sanctoriensis.

† Michael Marszewki Episc. Wladislaviensis.

† Vincentius Gasser Episc. Brixinensis.

† Franciscus Marinelli Episc. Porphyriensis.

† Fortunatus Maurizi Episc Verulanus.

† Fredericus Jacobus Wood Episc. Philadelphiensis.

† Joannes MacEviley Episc. Glaviensis.

† Thomas Furlong Episc. Fernensis.

† Guillelmus Joseph Clifford Episc. Cliftonensis.

† Petrus Enricus Geraud de Langalerie Episc. Bellicensis.

† Ludovicus Delcusy Episc. Vivariensis.

† Joannes Simor Episc. Jauriensis.

† Joannes Bapt. Scandella Episc. Antinoensis.

† Paulus Melchers Episc. Osnabrugensis.

† Petrus Antonius De Pompignac Ep. S. Flori.

† Anastasius Rodrigus Yusto Episc. Salamantinus.

† Joannes Ignatius Moreno Episc. Ovetensis.

† Antonius Dominguez-y-Valdacanus Episc. Guadixensis.

† Michael O'Hea Episc. Rossensis.

† Bernardus Conde y Corral Episc. Placentinus Prov. Comp.

† Franciscus a Paula Benavides Episc. Seguntinus.

† Ferdinandus Blanco Episc. Abulensis.

† Joannes Joseph Castaner y Rivas Episc. Vicensis.

† Cosmas Marrodam y Rubio Episc. Tirsonensis.

† Matthæus Jaume y Garan Episc. Minoricensis.

† Petrus Lucas Ascensio Episc. Jacensis.

† Joseph Maria Papardo Episc. Sinopensis.

† Clemens Pagliari Episc. Anagninus.

† Franciscus Mac-Farland Episc. Harfordiensis.

† Franciscus Lacroix Episc. Bajonensis

† Ignatius Senestrey Episc. Ratisbonensis.

† Joannes Sebast. Devoucoux Episc. Ebroicensis.

† Edoardus Horan Episc. Kingstoniensis.

† Franciscus Kerril Amherst Episc. Northantoniensis.

† Paschalis Vuihic Episc. Antiphellensis.

† Andreas Rosales y Munoz Episc. Gienensis.

† Michael Payà y Rico Episc. Conchiensis.

† Petrus Cubero y Lopez de Padilla Episc. Oriolensis.

† Joannes Antonius Augustus Beleval Episc. Apamiensis.

† Valentinus Wiery Episc. Gurcensis.

† Antonius Halagi Episc. Arturiensis rit. arm.

† Joannes Joseph Link Episc. Torontinus.

† Joseph Lopez-Crespo Episc. Satanderiensis.

† Ludovicus Maria Oliverius Epivent Episc. Aturensis.

† Petrus Jeremius Michael Angelus Celesia Episc. Pactensis.

† Alexander Paulus Spoglia Episc. Ripanus.

† Joannes Monetti Episc. Cerviensis.

† Petrus Mac-Intyre Episc. Carolinopolitanus.

† Michael Domenec Episc. Pittsburgensis.

† Alexander Bonnaz Episc. Csanadiensis et Temesvariensis.

† Darius Bucciarelli Episc. Pulatensis.

† Gherardus Petrus Wilmer Episc. Harlemensis.

† Georgius Butler Episc. Cidoniensis.

† Patritius Franciscus Cruice Episc. Massiliensis.

† Joseph Maria Covarubias Episc. de Antequera.

† Robertus Cornthwaite Episc. Beverlacensis.

† Aloisius Di Canossa Episc. Veronensis.

† Laurentius Studach Episc. Orthosiensis.

† Joseph Berardi Archiep. electus Nicenus.

Après la lecture de cette adresse le Saint Père exprima avec effusion de cœur la profonde satisfaction qu'elle lui causait, en disant aux évêques :

« Sensus, quos hactenus Nobis exposuistis, Venerabiles Fratres et Dilecti Filii, summam Nobis attulerunt lætitiam ; sunt enim amoris vestri pignus erga Sanctam hanc Sedem, multoque etiam magis testimonium præclarissimum illius vinculi charitatis, quo Ecclesiæ Catholicæ Pastores non solum inter se, verum etiam cum hac Veritatis Cathedra arctissime conjunguntur : ex quo manifesto apparet Deum auctorem pacis et charitatis nobiscum stare. Et si Deus pro nobis, quis contra nos ? Ipsi ergo Deo laus, honor et gloria : Vobis vero pax, salus et gaudium : pax cordibus vestris ; salus Christifidelibus curæ vestræ commissis ; gaudium vero Vobis et illis, ut una cum Sanctis exultetis cantantes canticum novum in domo Domini in sæcula sæculorum. »

VI.

L'allocution adressée, le 6 Juin, par le Saint Père aux Prêtres réunis dans la chapelle Sixtine, renferme de si graves et si utiles enseignements, que nous nous faisons un devoir de la reproduire ici, en la recommandant aux méditations de notre pieux clergé (1).

« *Allocutio habita in Xystino sacello à SS. D. N. PP. Pio IX. die* 6 *Junii* 1862, *ad Presbyteros Catholicos, qui ob solemnem BB. Martyrum Japonensium et B. Michaelis de Sanctis Confessoris Canonizationem Romam convenerunt.*

» Mirabile quoddam, et visu jucundissimum exhibet Nobis insueta frequentia vestra, auspicatissimo hoc tempore, quo vos cum Venerabilibus Episcopis ex Orbe universo circa Nos et principem hanc B. Petri Sedem cernimus congregatos. Quod cum intuemur, acerbitates Nostras nedum leniri sentimus, sed eas ferme obliviscimur. Scilicet id effecit unus pacis et concordiæ auctor Deus, qui Ecclesiæ suæ dedit *servare unitatem in vinculo pacis*, ut fideles omnes *unum corpus, unus spiritus essent.* In ea unitate sita est maxime fidelium gloria, in ea decus Ecclesiæ, in ea hostium formido, quibus idcirco Ecclesia ipsa terribilis apparet tanquam castrorum acies ordinata. In hac acie constituti sub Pastoribus vestris, quibus præest Supremum Caput, unusquisque in suo ordine, ad instar exercitus sub Imperatore et ducibus, mandata peragite. Hoc

(1) A leur tour, de tous les pays catholiques, de la France surtout, les simples prêtres, par le seul élan de leur cœur, étaient accourus innombrables.... Les prêtres français étaient partout. Ils étaient venus plus de trois mille. (Mgr l'évêque d'Orléans, paroles prononcées à son retour de Rome, dans la cathédrale de Ste Croix, 27 Juillet 1862).

Le clergé du diocèse de Cambrai était représenté à cette réunion par MM. :

Bernard, vicaire général.
Lemahieu, chanoine honoraire.
Decottignies, doyen du Quesnoy-sur-Deûle.
Maesemacker, curé de Fives.
Dayez, supérieur de l'institution de N.-D. des Victoires, à Boubaix.
Duvilliers, aumônier de l'hospice général à Lille.
Deroubaix, aumônier des Dames de S. Maur, à Lille.
Delannoy (Victor), aumônier des frères des écoles chrétiennes, à Lille.
Delannoy (Séraphin), Staelen, Grale, Dewez, vicaires.

Combien ce nombre n'eût-il pas été plus grand, si presque tous nos prêtres n'avaient été retenus à leurs postes par les devoirs indispensables de leur ministère !

sane inter causas doloris ætati nostræ feliciter obvenit, ut Pastores cum Capite arctissime jungerentur. Eorum vestigiis insistite, vosque Apostolicæ Sedi vinculum triplex, orationis, charitatis, doctrinæque conjungat. Orationis, *quæ penetrat nubes*, per quam *impetratur obtentio omnis boni, et liberatio ab omni malo*. Charitatis, qua *crescimus in illo per omnia, qui est Caput Christus, ex quo totum corpus compactum et connexum augmentum facit in ædificationem*. Doctrinæ demum, qua retinetur fidei depositum illibatum, qua *velut Domini luce perfusa per Orbem totum radios suos porrigit Ecclesia*. Scimus utique tristissimis Nos versari temporibus, et Petri Sedem potissime impugnari. Sed ipsa tanta est divinitus soliditate munita, *ut eam neque hæretica unquam corrumpere pravitas, nec pagana potuerit superare perfidia*. Sic incredulæ impietatis ausus huic lapidi impingent, et *tamquam somnia et fabulæ abolita et antiquata evanescent*. Hæc discant à vobis in regiones vestras reversis fideles vigilantiæ vestræ concrediti, et catholico spiritu usque magis imbuantur, quem de ipso fonte unitatis vos plenius hausistis : sciant *rivos a fonte præcisos arescere*; sciant eos coronari, qui legitime certaverint; sciant *Ecclesiæ unitatem firmiter tenere omnes, et vindicare* oportere. Ita animo comparati et Pastorum vestrorum æmulantes exempla, pro certo habete, Deum Optimum Maximum hoc unitatis vinculum benedictione cælesti confirmaturum, cujus solidum pignus esto Apostolica Benedictio Nostra, quam vobis omnibus amantissime impertimur; nec vobis modo, sed et fidelibus vigilantiæ vestræ commissis, quibus hanc præsentiam vestram apud Nos spirituales fructus allaturam speramus. Itaque veniam libenter tribuimus, ut die à proprio cujusque vestrum Episcopo designanda quicumque ex vestris regionibus profecti hic adestis Apostolicam Benedictionem cum applicatione Plenariæ Indulgentiæ Fidelibus spirituali vestræ curæ concreditis semel impertire possitis, dummodo illorum singuli Sacramentali Confessione expiati et Sacra Synaxi refecti pro Sanctæ Matris Ecclesiæ exaltatione et triumpho ferventes ad Patrem misericordiarum preces effuderint. »

MONITUM.

Apostolica Benedictio, de qua supra mentio est, danda erit in forma Ecclesiæ consueta, et ab iis tantummodo dari poterit, qui aut Parochi sunt, aut

Parochorum auxiliares, aut Religiosarum Domuum, aliorumve Piorum Locorum, aut Institutorum christianæ juventuti æducandæ, aut Hospitalium, aut carcerum pœnalium moderatores.

VII.

En écrivant au S. Père le 6 Mars, et en lui remettant le 2 Juin, le compte-rendu de l'état religieux de notre diocèse, nous avions donné à Sa Sainteté l'assurance que *tous nos Prêtres* étaient unanimement attachés aux plus saines doctrines, en ce qui concerne les affaires actuelles de l'Eglise, et, sans exception, dévoués à la cause du S. Siége et du Pape.

Par les adresses qui suivent, et dont l'ardente spontanéité a été pour nous le sujet de la plus douce joie, vous avez voulu, Messieurs et chers Coopérateurs, confirmer, chacun en votre propre nom et pour votre compte personnel, ce témoignage qu'une connaissance parfaite de vos sentiments intimes nous avait autorisé à vous rendre à tous.

Première adresse, lue (1) à la clôture de la première Retraite Ecclésiastique, le 22 Août 1862, et souscrite par 450 prêtres.

Séminaire de Cambrai, 22 Août 1862.

Adresse présentée à Monseigneur l'Archevêque de Cambrai, par les Prêtres de son diocèse, lors de la 1re *Retraite Ecclésiastique* 1862.

MONSEIGNEUR,

« Fortifiés et consolés par la bénédiction, qu'au nom et par l'autorité du très-Saint Père, vous venez de nous donner à tous, nous regardons ce moment comme opportun pour vous présenter la très-respectueuse expression des sentiments qui nous animent.

» Monseigneur, lorsqu'il y a trois mois, à peine, Votre Grandeur se fit un devoir et un bonheur de se rendre à Rome, il ne fut donné naturellement qu'à un petit nombre de vos prêtres de vous suivre à la Ville éternelle ; mais ce que tous ne purent faire en réalité, tous l'ont fait d'esprit et de cœur. Oui, Monseigneur, que votre cœur d'évêque, si étroitement, si notoirement uni à

(1) Par M. Lancelle, curé-doyen de Tempieuve.

celui du successeur de S. Pierre s'en réjouisse, lorsque vous vous rendiez à Rome, tous les prêtres de votre vaste diocèse vous accompagnaient de leurs vœux, tous vos prètres s'associaient aux sentiments vifs et profonds de respect, d'amour, d'admiration dont vous alliez offrir le pieux hommage au Pontife Suprême, à un Père bien-aimé, à l'immortel Pie IX.

» Vous avez donc été, Monseigneur, le très-fidèle interprète de nos sentiments, lorsque vous daignâtes dire au Saint Père, combien nous vous sommes tous unis par le lien du dévouement sans bornes qui nous attache à sa personne sacrée, et à tous les droits du Saint Siége ; nous vous en remercions.

» Depuis votre heureux retour au milieu de nous, Monseigneur, depuis qu'avec l'univers entier, nous avons appris par les mille voix de la renommée les grandes et mémorables choses qui se sont accomplies à Rome en juin 1862, depuis que nous connaissons le contenu admirable de l'Adresse présentée alors au Saint Père par l'épiscopat, tous, nous attendions avec la plus vive impatience le moment favorable d'exprimer à nouveau, et collectivement les sentiments que réveille en nous cette grande manifestation catholique.

» Aujourd'hui donc, qu'à l'occasion de la 1re Retraite Ecclésiastique, nous sommes réunis ici, au nombre de près de 500, nous saisissons avec empressement cette solennelle circonstance pour vous dire, Monseigneur, pour dire au monde entier, s'il était possible, que nous sommes heureux, que nous sommes fiers de marcher tous, comme un seul homme, à la suite de nos évêques, que nous adhérons tous, que nous adhérons complètement, sans aucune restriction à cette Adresse qui restera dans les annales de la Sainte Eglise, comme le plus beau monument de l'histoire du XIXe siècle, comme le titre de gloire le plus magnifique de l'épiscopat tout entier.

» Dire que nous adhérons à cette immortelle Adresse, c'est dire qu'avec vous, Monseigneur, avec tous les évêques du monde catholique, nous déplorons amèrement les injustes spoliations, dont Pie IX et le Saint Siége sont la victime ; c'est dire qu'avec nos évêques, nous prions, que nous ne cesserons de prier afin que le Pontife Roi soit rétabli, maintenu dans les prérogatives et les droits, tels que Dieu, dans sa Providence les a faits, à travers les siècles, pour le bon gouvernement, pour la liberté et l'indépendance de son Eglise !

» Maintenant, Monseigneur, que nous avons donné l'essor aux sentiments dont l'expression demandait impérieusement à jaillir de nos cœurs, nous sommes contents, nous sommes heureux. Il ne nous reste qu'un seul vœu à former : si vous croyez, Monseigneur, que ces sentiments soient capables d'apporter quelque consolation au cœur trop douloureusement éprouvé du Saint Père, nous vous supplions de vouloir bien en déposer aux pieds de Sa Sainteté la très-respectueuse expression.

» Daignez agréer, Monseigneur, l'hommage des sentiments de profonde vénération et d'affectueux dévouement avec lesquels nous sommes tous,

» De Votre Grandeur,

» Les fils très-humbles et très-soumis (1). »

Agache, curé de Lesdain.
Antiez, professeur au grand Séminaire.
Apourcheaux, curé d'Allennes.
Apourcheaux, curé d'Auchy.
Bacquaert, D.-C. de S-Vaast, à Bailleul.
Baert, vic. de S. P. et S. P., à Lille.
Baillieu, curé de Millam.
Baligand, curé de Robersart.
Baligand, curé de Vendegies.
Basuyau, curé d'Estrées.
Basuyau, V.-D. curé de Paillencourt.
Batteur, vic. de Solesmes.
Baudens, curé de Warhem.
Bauduin, curé de Fournes.
Becquart, vic de St-Jacques, à Douai.
Becquet, curé d'Hergnies.
Bégain, vic. de Nomain.
Bercker, curé de Boëseghem.
Bernard, vic. de Quarouble.
Bernast, curé de Ste-Marie-Cappel.
Berteaux, curé d'Avesnes-le-Sec.
Berteloot, vic. de Cassel.
Billiau, vic. de Steenvoorde.
Blaevoet, vic. de St-Maurice.
Blanchart, curé d'Hautmont.
Blanquart, curé de la Madeleine.
Blas, curé de Reumont.
Blondel, curé de Flesquières.
Boddaert, vic. de Bergues.
Boissard, vic. de N.-D., à Lille.
Boissart, curé de Cobrieux.
Bonduel, curé d'Anstaing.
Bonduel, vic. de La Bassée.
Bonvarlet, curé de Waziers.
Bottiaux, curé de Croix.
Bouchart, vic. de St-Géry, à Cambrai.
Bouchez, lazariste de Loos.
Bourdon, curé d'Abancourt.
Bourlet, curé de Rombies.
Braedts, vic. du Quesnoy.
Brasselet, curé de Préseau.
Brognet, curé de St-Rémy-M.-B.
Broyart, vic. de Fretin.
Broutin, prêtre à Lille.
Broutin, curé d'Ennetières.
Broux, curé de Villers-Ghislain.
Brunet, curé de Monchecourt.
Bulteau, curé de Wambaix.

(1) Les signatures ont été rangées par ordre alphabétique.

Bultez, curé de Vendegies au-Bois.
Bury, curé de Naves.
Cacan, curé d'Anneux.
Cailliez, vic. de Taisnières.
Cailliez, curé d'Amfroipret.
Cailliez, vic. de Catillon.
Cailliez, vic. de Nieppe.
Callens, vic. de Flines.
Campagnie, aumônier à Dunkerque.
Canonne, curé de Sains.
Canyn, curé d'Herlies.
Carette, cure de St-Saulve.
Carlier, curé de St-Rémy-Chaussée.
Carnel, vic. de St-André, à Lille.
Carpentier, vic. de St-Etienne.
Castier, vic. de Sebourg.
Cattelin, vic. de Villers-Outréaux.
Cattelin, curé de Ribécourt.
Cattelin, vic. de St-Martin, à Roubaix.
Cauderlier, curé de Sars et Rosières.
Caudrelier, curé de Wicres.
Caulier, ancien curé de Merckeghem.
Caulier, vic. de Solre-le-Château.
Cavry, curé de Buysscheurre.
Cazier, vic. de St-Vincent de Paul, à Lille.
Chaplembert, curé de Faches.
Charlet, curé d'Esquerchin.
Chrétien, curé de St-Vaast (Solesmes).
Chrétien, curé de Lys.
Cieren, curé de St-Momelin.
Claisse, vic. de Somain.
Clarisse, aumônier à Lille.
Clarisse, vic. de St-Nicolas.
Cochet, vic. de Comines.
Collet, curé d'Aubry.
Colliot, curé d'Ennevelin.
Comère, vic. de St-Géry, à Valenc.
Coppée, curé de Liessies.
Cornette, curé de Sercus.
Cornille, curé de Rieux.
Cossart, curé de Dimont.
Cortyl, curé de Wylder.
Coupé, curé de Mastaing.
Courtecuisse, curé de Crespin.
Courtin, curé de Thun-St-Martin.
Cousin, vic. de Maubeuge.
Crauck, curé de Bellaing.
Crombé, missionnaire apostolique.
Cudot, curé d'Haussy.
Dancoisne, vic. de N.-D. à Douai.
Danès, curé de Coudekerque.
Danjou, prêtre à Douai.
Dannoot, curé de la Crèche.
Dapvril, curé de Neuviesly.
Dardenne, vic. de Fourmies.
Darras, curé de Bachy.
Dauchy, curé de Bruay.
Dauchy, curé de Damousies,
Dauverchain, curé de Quiévy.
Dayez, curé de Caullery.
De Bavelaere, chap. du fort Mardyck.
Debeer, vic. d'Halluin.
Deblonde, vic. de Terdeghem.
Debrabant, directeur de la Ste-Union.
De Calmayrac, curé de Coutiches.
Decherf, curé de Rosendaël.
Dechy, vic. de Fresnes.
Declerck, curé de Doulieu.
Declerck, vic. de Winnezeele.
Decraemer, curé d'Herzeele.
Decrouez, vic. de Leers.

Dedrie, curé de Craywick.
Deduitsche, curé de Grande Synthe.
Defief, curé de Chemy.
Defrance, curé d'Hérin.
Degrendel, curé de Crochte.
Dehaisne, vic. de N.-D. à Tourcoing.
Dehu, curé de Baives.
Dehuy, curé de Toufflers.
Dekerchieter, vic. d'Avesnes.
Delagarde, curé de Montay.
Delangre, curé de Fromelles.
Delannoy, vic. de N.-D. à Valencienn.
Delannoy, vic. de Ste-Catherine.
Delaporte, vic. de S. P. et S. P. à Lille.
Delattre, curé d'Anzin.
Delattre, curé de Boussu.
Delbecq, vic. de St-Martin à Roubaix.
Delbove, vic. d'Estaires.
Delcroix, curé de Vertain.
Delebarre, curé de Radinghem.
Delebecq, curé d'Eswars.
Delecambre, vic. d'Orchies.
Deleflie, curé de Boisgrenier.
Deleforge, curé de Brillon.
Delefortrie, vic. de Marchiennes.
Delemer, curé de Mœuvres.
Delcplancque, curé de Fressain.
Deleporte, curé de Sainghin.
Deleporte, curé de Mouchin
Delfortrie, curé de Beaucamps.
Delgorge, curé d'Hélesmes.
Delhaye, curé de St-Vaast (Bavay.)
Deligne curé d'Awoingt.
Delmer, curé de Louvil.
Delporte, vic. de Lecelles.
Delrue, vic. de Bavay.
Deltour, curé d'Hem.
Delvallée, curé de Sailly.
Delvallée, curé de La Longueville.
Delvigne, curé de Neuville-Salesche.
Deman, curé de Bavinchove.
Demont, curé de Ruesnes.
Denis, curé de Beaurieux.
Denis, curé de Dourlers.
Denis, curé de Féron.
Denys, vic. d'Hondschoote.
Depecker, vic. de Méteren.
Dequesne, vic. d'Annappes.
Deram, vic. de Quaëtypre.
Derode, curé de Mons-en-Barœul.
Deroubaix, aumônier à Lille.
Deruywe, curé d'Holcke.
Dervaux, vic. de Comines.
Desilve. vic. d'Onnaing,
Desmarescaux, curé de Moncheaux.
Desmarescaux, curé d'Attiches.
Desmedt, curé de Strazeele.
Desmedt, aumônier à Merville.
Desmidt, vic. d'Armentières-Campag.
Desodt, vic. de Boescheppe.
Despicht, vic. d'Hazebrouck.
Desplanque, curé d'Emmerin.
Despretz, curé de Crèvecœur.
Deswel, vic. de Gravelines.
Detourmignies, curé de Boussières.
Devos, vic. d'Ecke.
Devred, curé d'Haynecourt.
Dewatine, curé de Mortagne.
Dewez, vic. de St-Pierre.
Dezeure, curé de Nieurlet.
Dhalluin, aumônier à Lille.
Dhennel, vic. de Wattignies.

Dhinaut, vic. de Neuville-en-Ferrain.
Dillies, curé d'Ascq.
Doby, curé de Fayt.
Dorchies, curé de Proville.
Dorlencourt, curé de Thumeries.
Dransart, vic. de Trélon.
Drubay, curé de Leers.
Dubocquet, vic. d'Aniches.
Dubois, curé de Louvignies.
Dubois, curé de Bérelles.
Dubreucq, vic. de Marcq.
Dubrulle, vic. de Sin.
Dubuissez, curé de Recquignies.
Dubuisson, curé de Lesquin.
Dubus, curé de Séranvillers.
Ducarin, vic. de Fresnes.
Ducatillon, curé de Lourches.
Ducatteau, curé de Saultain.
Ducornez, curé d'Uxem.
Duez, curé de Bousbecque.
Duez, curé d'Hecq.
Dufau, lazariste de Loos.
Dufour, vic. de Merville.
Dufour, lazariste de Loos.
Duhem, curé de Cartignies.
Dujardin, vic. d'Hazebrouck.
Dupont, curé de Dompierre.
Dupont, curé de Trith-St-Léger.
Dupont, curé de Fenain.
Duquesnes, vic. d'Hasnon.
Duquesnes, curé de Semeries.
Duriez, curé de Watten.
Duriez, vic. de Cysoing.
Dutriez, curé de Thiant.
Duverlie, curé d'Oudezeele.
Duvilliers, aumônier à Lille.
Duvinage, curé de Famars.
Evrard, vic. de N.-D. à Roubaix.
Evrard, vic. de S. J.-B. à Dunkerque.
Facon, curé de la Motte-au-Bois.
Faidherbe, curé de Fontaine-au-Bois.
Fatré, vic. de St-Sauveur.
Fiévet, vic. de Raismes.
Fiévet, vic. d'Inchy.
Flahaut, curé de Drinckam.
Fleurquin, curé de Saméon.
Fourlinie, vic. de Wattrelos.
Fournet, aumônier à Douai.
Franchois, vic. de S. J.-B. à Dunkerq.
Fromentel, curé de Mérignies.
Fromont, curé de Quérénaing.
Gahide, vic. de La Madeleine.
Galand, curé de Capelle.
Garçon, cure de Maing.
Garçon, curé d'Iwuy.
Gauthier, prêtre à Valenciennes.
Ghesquier, curé d'Aix.
Ghyselinck, curé d'Ors.
Gillis, curé de Roost-Warendin.
Gillot, vic. de Blaringhem.
Gonez, curé de Maulde.
Gonthier, aumônier à Lille.
Goris, curé de Caëstre.
Gosse, prêtre à Cambrai.
Gosselet, curé de St-Benin.
Gralle, vic. de Bondues.
Gravelaine, curé de Thivencelles.
Griffon, curé de Bermerain.
Gruson, curé de Pradelles.
Guichard, curé de Linselles.
Guillaume, prof. au grand Séminaire.
Hannoire, curé de Ghissignies.

Havez, curé de Lomme.
Hébert, vic. de Condé.
Hendrykx, vic. de Roncq.
Henrion, curé de Vergnies.
Herbomez, curé de Boussignies.
Herlemont, curé de St-Vincent de Paul.
Heughebart, vic. d'Avesnes.
Houcke, curé de Raimbeaucourt.
Houcke, vic. de Steenwerck.
Houvenaghel, curé de Pitgam.
Hutin, curé d'Esnes.
Jaclin, curé de Prouvy.
Jacquart, vic. d'Halluin.
Jacquet, vic. du Quesnoy.
Jean-le-Bœuf, curé de St-Python.
Joffrain, prêtre à St-Amand.
Joly, curé d'Avesnes-lez-Aubert.
Joly, vic. de Lannoy.
Jourdain, curé de Bellignies.
Kerckove, curé de Renescure.
Ketten, curé de Leval.
Lacomblez, curé de La Rouillies.
Lagatie, vic. de Killem.
Lambelin, curé de Wasquehal.
Lameyse, curé de Ledringhem.
Lancelle, D.-C. de Templeuve.
Lansel, curé de Jolimetz.
Largillière, curé de St-Aubin.
Laurent, vic. de Wallers.
Lebbe, vic. de Rubrouck.
Leblon, curé d'Anor.
Leclercq, curé de Favril.
Leclercq, curé d'Hordain.
Leclercq, vic. de Landrecies.
Lecocq, vic. de St-Christophe.
Leconte, vic. de Bouvignies.
Lécu, vic. de Seclin.
Lécuyer, curé de Colleret.
Ledent, curé du faubourg N.-D.
Lefebvre, curé de Flers.
Lefebvre, vic. de St-Géry, à Cambrai.
Lefever, curé de St-Pierre-Brouck.
Lefranc, curé de Thun-St-Amand.
Lefrancq, curé d'Auberchicourt.
Legrand, curé de Ferrière-la-Grande.
Legrand, vic. de Wattrelos.
Lehoucq, aumônier à Valenciennes.
Leinglin, vic. de Frelinghien.
Lejeune, vic. de S.-Martin, à Roubaix.
Leleu, vic. d'Esquelbecque.
Lelong, curé d'Honnergies.
Lemahieu, chanoine honoraire.
Lemaire, curé de Marquette (Bouchain).
Lemaire, curé de Bousies.
Lemay, vic. de N.-D. à Tourcoing.
Lenclut, vic. d'Estaires.
Lequin, curé de Montigny.
Lesnes, vic. de Berlaimont.
Leurs, vic. de St-Vaast, à Bailleul.
Lips, V.-D. curé de Looberghe.
Lobbedey, vic. de Bambecque.
Locqueneux, curé de Ramousies.
Locquet, curé d'Erre.
Locquet, curé de Bettrechies.
Macheraut, vic. de St-Etienne.
Maerten, curé de Volckerinkove.
Malaquin, curé de Preux-au-Sart.
Malaquin, curé de Brunemont.
Malvoisin, curé de Landas.
Manet, curé d'Honnecourt.
Manouvrier, curé de Beuvrages.
Marchand, vic. de Ste-Catherine.

Margerin, vic. de N.-D. à Valenciennes.
Martin, curé de Maresches.
Martin, vic. de St-Sauveur.
Martinache, vic. de Gommegnies.
Masse, curé de La Gorgue.
Ménard, lazariste de Loos.
Menet, curé de La Groise.
Méplaux, curé de Bauvin.
Mériaux, vic. de St-Jacques, à Douai.
Murillon, curé de Lompret.
Michault, lazariste de Loos.
Michel, curé d'Elesmes.
Millescamps, curé de Marquillies.
Minez, vic. de Fives.
Mispelaëre, curé de Loon.
Monchy, curé de Ronchin.
Monplaisir, lazariste de Loos.
Montaigne, curé de Quiévrechain.
Montay, curé de Jeumont.
Monteil, profess. au grand Séminaire.
Moreau, curé de Bersée.
Moreau, curé d'Haspres.
Mouque, vic. de St-Maurice.
Mucherie, curé de Maretz.
Muguez, curé d'Ecaillon.
Mullet, curé d'Ennetières-en-W.
Musin, curé de Vieux-Condé.
Mutte, curé de Beaurepaire.
Nacfer, curé de Renlies.
Néauport, curé d'Houplin.
Oblin, vic. de Somain.
Pauwels, curé de St-Sylvestre-Cappel.
Peenaert, aumônier à Tourcoing.
Pennequin, vic. d'Hallennes.
Périn, lazariste de Loos.
Pihen, vic. d'Armentières.
Pionnié, curé d'Hantay.
Plouvier, curé de Broxeele.
Plouvier, vic. de Werwick.
Ployart, curé de Frasnoy.
Polaert, curé de Staple.
Pollet, curé de Masnières.
Porez, curé de Romeries.
Poreye, vic. de St-Amand, à Bailleul.
Porreye, curé de Blécourt.
Pouillaude, V.-D. curé de Wavrin.
Poulain, vic. de Caudry.
Pouille, curé d'Hargnies.
Poulet, curé d'Esclaibes.
Poulet, vic. de Bouchain.
Pouwels, vic. de St-Jean-Cappel.
Prévost, curé de Limont-Fontaine.
Pronnier, curé de Basuel.
Pruvost, curé d'Orsinval.
Quaghebeur, grand clerc, à Lille.
Quétu, vic. de Bergues.
Quéva, curé de Bruille.
Rara, prêtre à Douai.
Remy, curé de Beauvois.
Reuben, vic. de Ste-Catherine.
Revel, aumônier à Loos.
Richard, vic. de N.-D. à Cambrai.
Richez, curé de Lécluse.
Richez, vic. de Maroilles.
Rigaut, prêtre à Arleux.
Roget, curé de Bousies.
Rouez, vic. d'Etrœungt.
Ruyssen, vic. de Vieux-Berquin.
Sapelier, curé de Neuville-s.-l'Escaut.
Savage, vic. d'Houplines.
Schacht, curé de Neufménil.
Selliez, curé d'Obies.

Sename, vic. de Bollezeele.
Serleys, curé d'Hondeghem.
Serlooten, vic. de Zegeers-Cappel.
Sevrez, curé d'Escaudœuvres.
Soufflet, curé de Viesly.
Staelen, vic. de St-Eloi, à Dunkerque.
Talfer, curé de Cauroir.
Tauchon, vic. de Denain.
Tellier, curé de Lez-Fontaine.
Testelin, vic. du Quesnoy.
Thomas, curé de Saulzoir.
Thorez, curé d'Arembouts-Cappel.
Tilmant, curé de Troisvilles.
Trupin, curé d'Herchin.
Vaillant, curé de St-Eloi.
Vallez, curé de Wandignies.
Vallez, vic. du Cateau.
Vanacker, curé d'Hellemmes.
Vanbockstael, vic. de St.Christophe.
Vancostenoble, aumônier à Bailleul.
Vandaël, curé de Camphin.
Vandebeuque, vic. d'Anzin.
Vandenabeele, vic. de Bourbourg.
Vandenbussche, D. curé de St-André.
Vandeville, aumônier à Lille.
Vangraeschepe, curé de Steene.
Vanlaton, curé de St-Martin, à Lille.
Vanneufville, aumônier à Armentièr.
Vanreust, curé de Vred.
Varlet, vic. de Morbecque.
Varlet, curé de St-André-lez-Lille.
Vassart, curé de Cattenières.
Verbecque, curé d'Haverskerque.
Verhaeghe, curé de Ghyvelde.
Vermont, curé de Gouzeaucourt.
Verstraet, curé d'Arnèke.
Vestel, curé de St-Joseph, à Tourcoing.
Villain, curé de St-Aubert.
Villers, vic. de la Madeleine.
Villette, curé d'Elincourt.
Villiers, curé de Bruille-St-Amand.
Vivier, vicaire d'Haubourdin.
Walbrou, curé de Bierne.
Wallez, curé de Ligny.
Wantiez, curé de Montigny.
Wasez, vic. de Mons-en-Pévèle.
Wastin, vic. de Maubeuge.
Wattel, vic. de Denain.
Weens, aumônier à Fives.
Wenès, professeur au grand Sémin.
Werckein, curé des Moëres.
Wilmant, curé de Roucourt.
Wickaert, vic. de Wormhoudt.

Deuxième adresse, lue (1) à la clôture de la seconde Retraite Ecclésiastique, et souscrite par 442 prêtres.

Monseigneur,

« Au moment où vont se terminer ces quelques jours de Retraite si paisiblement écoulés dans ce pieux asile, berceau de notre sacerdoce, nous

(1) Par M. Delautre, chanoine honoraire, archiprêtre de Bergues.

éprouvons, nous aussi, le besoin de déposer aux pieds de Votre Grandeur, l'hommage de notre dévouement filial et sans bornes à la personne sacrée de l'immortel Pie IX. Si nos confrères admis aux bienfaits de la première Retraite ont pu nous devancer dans l'expression de leurs sentiments, nous sommes heureux de proclamer bien haut que leurs sentiments sont les nôtres et que, quand il s'agit de faire acte d'adhésion à la cause du Vicaire de Jésus-Christ, tous vos prêtres, Monseigneur, n'ont, grâce à Dieu, qu'une voix et qu'une âme.

» C'est donc avec l'unanimité la plus parfaite qu'en ces jours mauvais, nous nous serrons autour de l'Episcopat catholique, pour nous associer, autant que nous le pouvons, à toutes les pensées consignées dans une Adresse, désormais impérissable comme la Papauté dont elle proclame les droits et célèbre les luttes héroïques. Avec tous les Evêques du monde, et après eux, nous condamnons ce que condamne Pie IX ; et les principes qu'il défend, nous les défendons et défendrons toujours. Comme nos vénérables Prélats, nous souffrons des blessures faites au cœur, pourtant si bon, de notre commun Père. Comme eux et avec eux, nous pleurons sur la justice trahie ou délaissée, et sur les périls de l'Eglise notre Mère. Et, par cette protestation nous voulons répondre une fois de plus aux préventions injustes qui s'obstinent, quoique bien en vain, à diviser ce qui est à jamais uni par l'indissoluble lien de la charité, lien puissant qui enlace dans une immense et intime solidarité et les évêques, et les prêtres et les fidèles du monde entier.

Tels sont, Monseigneur, les sentiments qui nous animent; et, en vous les exprimant aujourd'hui, nous sentons que nos cœurs se confondent avec le vôtre, et qu'entre vous et nous, il y a identité de pensées, de fidélité et d'amour. Aussi, avec quelle joie nous vous avons vu, ne prenant conseil que de votre dévouement au Souverain Pontife et à l'Eglise, entreprendre ce glorieux pèlerinage qui *comptera désormais parmi vos plus saints et plus consolants souvenirs*. Quand vous étiez à Rome, Monseigneur, nous y étions avec vous ; vous nous aviez compris, vous parliez en votre nom et au nôtre ; et nous, saisissant aussi le sens et la portée de votre lointain voyage, nous vous bénissions en secret d'avoir si bien compris votre clergé !

» Daignez donc, Monseigneur, recevoir, en ce moment, l'expression de notre profonde reconnaissance, pour vous être fait, auprès du Chef vénéré de l'Eglise, notre interprète fidèle. Permettez aussi que nous vous remercions, dans l'effusion de nos âmes, de cette Bénédiction Apostolique que vous nous avez apportée, comme un pieux souvenir de notre saint et bien-aimé Père. Cette Bénédiction est celle du Vicaire de Jésus-Christ, du juste affligé. C'est le gage de la tendresse d'un Père, et d'un Père dont l'amour est plus fort que les angoisses et les douleurs qui assiègent sa grande âme. Cette Bénédiction aussi est une prière ; c'est la prière d'un Pontife vraiment saint, parce que, depuis longtemps, il a uni son sacrifice à celui de Jésus-Christ qui est sa force et sa paix. A tous ces titres, cette Bénédiction nous portera bonheur.

» Puisse cette protestation que nous avons signée tous, arriver par vous, Monseigneur, aux pieds du trône de Sa Sainteté. Puisse-t-elle aussi être, à vos yeux, un témoignage nouveau du respect profond et de la tendre affection avec lesquels nous sommes,

» Monseigneur,

» De Votre Grandeur,

» Les très-humbles, les très-obéissants serviteurs et fils en Jésus-Christ.

» Fait à Cambrai, pendant la Retraite Pastorale, le 4 Septembre 1862. »

Aquart, curé de Vieux-Berquin.
Aernout, D. curé de St-Catherine.
Agache, D. curé de Solre-le-Château.
Arnould, D. curé de Cassel.
Babeur, archiprêtre de Maubeuge.
Baert, vic. d'Annœuillin.
Bafaleur, archiprêtre de la Madeleine.
Bailleul, vic. de Boescheppe.
Bailleul, vic. de Caëstre.
Barbet, curé de Villers-Pol.
Barbier, curé de St-Souplet.
Barbieux, curé d'Avelin.
Bataille, D. curé de St-Jacques.
Beau, curé de Cantaing.
Bécar, V.-D. curé de St-Hilaire.
Bécar, curé de Catillon.
Bécar, curé de Felleries.
Becue, curé de Wulverdinghe.
Beck, vic. de Cassel.
Bécuwe, aumônier à Lille.
Bernard, vicaire général.
Bernard, vic. de Raismes.
Bernaert, vic. de Pitgam.
Bertrand, vic. de N.-D. à Cambrai.
Bethléem, vic. de Rexpoëde.
Bisiaux, curé de Vicq.
Bliecq, V.-D. curé d'Halluin.
Blomme, curé de Soëx.

Bogaert, curé de Cappel-Brouck.
Bohem, curé de Locquignol.
Boitiaux, aumônier à Lille.
Bollengier, curé d'Ebblinghem.
Boone, curé de Prémesque.
Bottiaux, curé d'Obrechies.
Bottiaux, curé d'Hestrud.
Bottiaux, curé de Solrines.
Bouchez, vic. de Maubeuge.
Bouden, vic. de St-Eloi.
Bouillon, ch. hon., aumônier à Lille.
Bourgeois, aumônier à Seclin.
Bourgeois, vic. de St-Nicolas.
Bourgeois, vic. de St-Maurice.
Bourgois, vic. de St-Pierre.
Boutrouille, curé de Taisnières.
Brassart, curé de Sainghin-en-W.
Brassart, curé de Caudry.
Brasseur, sacristain à Lille.
Bresson, D. curé de Rieux.
Brienne, curé de Faumont.
Bruaux, vic. de St-Jacques.
Brunet, D. curé de Carnières.
Bury, chanoine.
Bury, curé de Feignies.
Busières, curé de Bugnicourt.
Cadet, D. curé de Bourbourg.
Cailliau, chanoine.
Caillié, D. curé de Wormhoudt.
Cambreleng, curé de Wallers.
Cambreleng, curé de Prisches.
Capelle, D. curé de St-Géry, à Valenc.
Cappelaëre, curé de Borre.
Caron, curé de Sequedin.
Carpentier, vic. de Pérenchies.
Caulier, vic. de Bergues.
Champeaux, curé de Blaringhem.
Charles, V.-D. curé de Fourmies.
Chauwin, curé de Pommereuil.
Chocqueel, curé d'Houplines.
Chocquet, V.-D. curé de Villers-s.-N.
Clavier, curé de Marbaix.
Clochez, curé de La Flamengrie.
Cocquempot, vic. de S. Pierre et S. P.
Coevoet, vic. de Vieux-Berquin.
Colet, curé de Sars-Poteries.
Comond, curé de Beuvry.
Coquelle, vic. d'Haumont.
Cornette, curé de Nieppe.
Cornille, curé du Maisnil.
Coulmon, D. curé de Clary.
Coulmon, vic. de St-André, à Lille.
Coupé, curé de Fontaine-Notre-Dame.
Cousin, curé de Neuf-Berquin.
Crépin, curé de Busigny.
Crocquey, D. curé de Condé.
Crouzet, curé de Ferrière-la-Petite.
Cudot, D. curé d'Orchies.
Dalennes, chanoine.
Danès, prêtre à Valenciennes.
Dassonville, aumônier à Lille.
Daubresse, curé de Frelinghien.
Dazin, curé de Glageon.
Debaecker, curé d'Outtersteene.
Debailleul, aumônier à Douai.
Deberdt, vic. de St-Eloi.
Debrabant, vic. à Merville.
Décaudin, curé de Noyelles-sur-l'Esc.
Decherf, vic. de Ghyvelde.
Deconynck, D. curé de St-Jean-Bapt.
Decottignies, D. curé du Quesnoy.
Decottignies, curé de Douchy.

Decottignies, curé de Clairfayt.
Decottignies, vic. de St-Christophe.
Decroos, vic. de Warhem.
Defasque, vic. de Viesly.
Défontaine, D. curé de St-Nicolas.
Degruson, curé de Salomé.
De Kercadio, curé de Niergnies.
De Kytspotter, vic. de Morbecque.
Delaëter, D. curé de St-Eloi.
Delaëter, curé de Petite-Synthe.
Delahaye, D. curé de Lannoy.
Delahousse, vic. d'Hergnies.
Delahoutre, curé de Flaumont.
Delannoy, curé de Fretin.
Delannoy, curé de Louvroil.
Delannoy, aumônier à Lille.
Delattre, V-D. curé de Floyon.
Delattre, curé de Steenbecque.
Delattre, vic. d'Anzin.
Delautre, archiprêtre de Bergues.
Delcambre, aumônier à Lille.
Delcambre, curé de Rousies.
Delcourt, curé de Boussoit.
Deleau, prêtre à Cambrai.
Delebarre, vic. au Cateau.
Deleflie, missionnaire diocésain.
Delefortrie, chanoine.
Delehaye, curé de Roncq.
Delehaye, curé de Wahagnies.
Delemer, curé de Bondues.
Delplanque, vic. d'Iwuy.
Delerue, curé de la Sentinelle.
Deleruyelle, curé de Mouveaux.
Delesalle, curé d'Hasnon.
Deloffre, vic. de N.-D. à Douai.
Delsart, curé de Moncheaux.
Démaret, curé de Bantouzelle.
Denis, archiprêtre d'Avesnes.
Dennetières, curé d'Houdain.
Deram, vic. de St-Vaast, à Bailleul.
Deregnaucourt, D. curé de St-Christ.
Deregnaucourt, D. curé de Mons-en-P.
Dereu, vic. de St-Etienne.
Dernoncourt, curé de Wargnies-le-P.
Dernoncourt, curé de Fressies.
Derosne, vic. de Bondues.
Dervaux, curé d'Aulnoy.
Dervaux, vic. de Linselles.
Deschildt, curé de Teteghem.
Desforges, D. curé d'Etrœungt.
Desmarescaux, V.-D. curé de Nomain.
Desmidt, aumônier à Cambrai.
Desmon, curé de Thun-Lévêque.
Desplanque, curé de Lambersart.
Despret, curé de Gussignies.
Desrousseaux, D. curé de St-Géry.
Desruelles, V.-D. curé de Maroilles.
Destombes, curé de Flers.
Destombes, vic. de Loon.
Deswarte, D. curé, St-M., à Dunkerq.
Dethoor, curé de Marquette.
Devos, curé de Noordpeene.
Devulder, D. curé d'Hazebrouck.
Devulder, vic. d'Hondschoote.
Dewaële, curé de Santes.
Dewez, curé d'Etrun.
D'Hainaut, curé de Verchain.
D'Halluin, curé de Genech.
D'Halluin, curé de Selvigny.
Direz, V.-D. curé de Croix.
Dorchies, curé d'Ostricourt.
Dorchies, vic. d'Hem.

Dorchies, curé d'Haucourt.
Douay, curé de Cantin.
Dorlencourt, vic. de St-Amand.
Druenne, curé de Bertry.
Drumez, curé de Verlinghem.
Dubar, prêtre à La Bassée.
Dubois, curé d'Aymeries.
Duburcq, curé d'Aubers.
Dubus, curé de Marly.
Ducatez, vic. de La Neuville.
Ducornez, vic. de Denain.
Ducroquet, V.-D. curé d'Estaires.
Dujardin, V.-D. curé de Pont-à-Marcq.
Dumet, curé de Sin.
Duminil, aumônier à Douai.
Dumortier, curé de Tourmignies.
Dumoulin, curé de Férin.
Dumoulin, vic. d'Avesnes-lez-Aubert.
Dupont, chanoine.
Dupont, curé d'Obain.
Dupont, curé de Gognies-Chaussée.
Duprez, chanoine.
Durieux, curé de Wannehain.
Duthoit, curé de Phalempin.
Echevin, curé d'Eppe-Sauvage.
Engels, curé de Salesches.
Ficheux, curé de Nivelles.
Flament, aumônier à Loos.
Fockemberghe, curé de St-Georges.
Gadenne, curé de S. Pierre et S. Paul.
Gadenne, curé de Raches.
Gahide, V.-D. curé d'Annappes.
Gamelin, vic. de St-Martin, à Lille.
Gantois, vic. de Looberghe.
Geeraert, curé de Wattignies.
Genain, curé de Coursolre.
Gérin, D. curé de La Bassée.
Gérin, curé de Noyelles-sur-Selles.
Godry, curé de Mairieux.
Gombert, aumônier à Cambrai.
Gombert, prêtre à Lille.
Gonthier, vic. de N.-D. à Roubaix.
Grau, D. curé de Bouchain.
Grégoire, vic. de La Madeleine.
Griffon, curé de Poix.
Hallez, missionnaire apostolique.
Hamez, vic. de St-Amand, à Bailleul.
Hanne, curé d'Hornaing.
Hébert, curé de Malincourt.
Hemelsdaël, vic. de Renescure.
Herbet, curé de Curgies.
Héroguer, archiprêtre de Douai.
Herreman, vic. d'Halluin.
Herrengt, D. curé de N.-D., à Roubaix.
Herrengt, curé de Cysoing.
Hooft, V.-D. curé d'Armentières-C.
Honoré, D. curé de St-Sauveur.
Honoré, curé de Bévillers.
Houssoit, curé de Ramillies.
Houwen, vic. de N.-D. à Tourcoing.
Houzé, aumônier à Valenciennes.
Huart, curé de Villereau.
Humez, curé de Preux-au-Bois.
Hutin, curé d'Estourmel.
Huyser, aumônier à Douai.
Impe, vic. d'Herzeele.
Itsweire, curé de Bissezeele.
Jaclin, V.-D. curé de Gondecourt.
Jaclin, curé de Pecquencourt,
Jaclin, curé d'Honnechy.
Jacquart, curé de Flines.
Joffrain, D. curé de St-Amand.

Jouet, curé d'Aibes.
Jude, curé d'Oxelaëre.
Labey, curé de Lederzeele.
Lagatie, curé de Quaëtypre.
Laignel, prêtre à Roubaix.
Lallemant, vic. d'Hounaing.
Lambelin, curé de Quarouble.
Lambert, D. curé de Gommegnies.
Lamorisse, V.-D. curé de Cuincy.
Lamour, curé de Beaurain.
Landsheere, D. curé de Gravelines.
Langrand, curé de Rumegies.
Larsonneur, D. curé de Trélon.
Lasselin, vic. de St-Etienne.
Laumondays, curé d'Englos.
Laurent, curé d'Annœuillin.
Laurent, curé de Forest.
Laurent, curé de Monceau-St-V.
Laurette, curé de Semousies.
Lavechin, curé de Deulémont.
Lebon, curé de Wignehies.
Lecardez, curé de Denain.
Lecerf, V.-D. curé de Doignies.
Leclercq, curé de Rieulay.
Lecocq, V.-D. curé d'Aniches.
Lecocq, curé de Marcq.
Lecœuvre, curé de Mœuvres.
Lecomte, curé d'Illies.
Lecomte, curé de Sailly.
Leconte, D. curé de St-Maurice.
Leconte, curé de Bouvignies.
Lecuppre, curé de St-Martin.
Lécuyer, curé de Lieu-St-Amand.
Lécuyer, curé de Dechy.
Leduc, V.-D. curé d'Inchy.
Lefebvre, archiprêtre de St-Etienne.
Lefebvre, D. curé de N.-D. à Douai.
Lefebvre, V.-D. curé de Lallaing.
Lefebvre, vic. de Ste-Catherine.
Lefrançois, curé de Steenwerck.
Legrain, vic. de St-Jean-Baptiste.
Legrand, D. curé de Berlaimont.
Legrand, archiprêtre de Merville.
Legrand, curé d'Aubigny.
Leleu, chanoine, vicaire général.
Lemaitre, sacristain, à Cambrai.
Lemière, vic. de Nieppe.
Lepers, vic. de Wambrechies.
Lerche, vic. de Lourches.
Lerlche, D. curé de Marcoing.
Leroy, curé de Chereng.
Leroy, vic. de St-Amand.
Libert, D. curé de Bavay.
Lesage, sacristain, à Cambrai.
Lespagnol, curé d'Abscon.
Léturgie, curé de Bollezeele.
Léveillé, curé de Gonnelieu.
Leys, vic. de Vieux-Condé.
Lobry, vic. de Beuvry.
Loetgieter, vic. de N.-D. à Roubaix.
Loquet, vic. de St-Christophe.
Lothé, curé de Bourghelles.
Lotte, D. curé du Quesnoy.
Lotten, curé d'Haulchin.
Louf, curé de Mardyck.
Loviny, vic. de St-Eloi.
Loyez, curé de Mecquignies.
Maes, D. curé de St-Martin, à Roubaix.
Maes, vic. de Wormhoudt.
Malfait, curé du faubourg St-Maurice.
Marchand, curé de Beaufort.
Marcotte, vic. de N.-D. à Valenciennes.

Marcotte, prêtre de Bourbon.
Margerin, curé de Briastre.
Markant, D. curé de Morbecque.
Markant, curé de Lezennes.
Mariage, aumônier à Avesnes.
Martin, aumônier à Lille (Esquermes).
Martinache, vic. de Gommegnies.
Mascaux, curé de Cagnoncles.
Mascret, curé de Lewarde.
Masse, vic. de Wavrin.
Massiet, vic. de Bourbourg.
Masselis, aumônier à Gravelines.
Mauroit, aumônier à St-Saulve.
Mazingue, curé de St-Ayhert.
Meesemaecker, curé de Fives.
Mériaux, vic. de St-Jacques, à Douai.
Midavaine, vic. de La Gorgue.
Millot, curé de Taisnières-sur-Hon.
Moncomble, curé d'Etreux.
Monstreleet, curé de Leffrinckoucke.
Morelle, vic. d'Armentières.
Mullier, curé de Wasnes-au-Bacq.
Mutel, vic. de Templeuve.
Noclercq, curé d'Escaupont.
Paële, curé d'Esquelbecque.
Petit, V.-D. curé de Rosult.
Petit, vic. de Saulzoir.
Petyt, vic. de St-Vaast, à Bailleul.
Phalempin, vic. d'Haspres.
Philippe, vicaire général.
Pierchon, V.-D. curé d'Englefontaine.
Pierchon, curé d'Haveluy.
Pionnié, curé d'Erquinghem.
Pionnié, vic. de St-Maurice,
Pique, archiprêtre de Valenciennes.
Piquet, archiprêtre de Cambrai.
Plaetevoet, D. curé de Seclin.
Plouvier, curé de Bèthencourt.
Plouvier, vic. de St-Sauveur.
Plouy, curé de Walincourt.
Ployart, curé de Bantigny.
Portier, curé de Bachant.
Prince, curé de Neuville-en-Ferrain.
Prouvost, D. curé de Landrecies.
Pruvost, curé de Thiennes.
Questroy, vic. du faubourg N.-D.
Quiquempoix, D. curé d'Arleux
Quiquenpoix, V.-D. curè de Villers-O.
Ramon, curé de Noyelles.
Ravaux, D. curé d'Haubourdin.
Réant, curé de Flêtre.
Rémy, curé de Camphin.
Renard, vic. de Linselles.
Renaut, curé de N.-D.-au-Bois.
Reniez, D. curé de Comines.
Reumaux, vic. de Steenvoorde.
Ricourt, curé de Boulogne.
Ridez, vic. d'Anor.
Roch, vic. d'Armentières.
Rocquet, curè de Lambres.
Roget, curé de Bouvines.
Rogie, curé de Raismes.
Rogie, curé de Villers-Plouich.
Roland, curé d'Escarmain.
Rousseaux, curé de Villers-en-Cauch.
Rousseaux, vic. de St-Jean-Baptiste.
Roussel, curé de Werwick.
Rousselle, D. curé de Marchiennes.
Rousselle, D. curé de Solesmes.
Ruckebusch, curé de Méteren.
Saint-Léger, curé de Wambrechies.
Salomé, D. curé d'Honschoote.

Salomé, curé de Wallon-Cappel.
Salomé, curé de Zuytpeene.
Sapelier, curé de Merckeghem.
Sauvet, curé de Sebourg.
Ségard, curé de Rumillies.
Segon, curé de Péronne.
Seingier, curé de Wattrelos.
Sergent, curé d'Eth et Bry.
Serleys, curé de Forest.
Serlooten, vic. de Zegeers-Cappel.
Simoens, vic. de Gravelines.
Simon, D. curé de N.-D. à Tourcoing.
Simoulin, curé de Lauwin-Planque.
Snyders, vic. d'Arnèke.
Spanneut, vic. d'Hazebrouck.
Sterckeman, aumônier à Lille.
Strobbel, curé d'Houtkerque.
Sudre, vic. gén., supér. du gr. Sémin.
Taffin, V.-D. curé de Fresnes.
Tahon, aumônier à Dunkerque.
Tasnières, sacristain, à Lille.
Taveaux, curé de Masny.
Thénard, aumônier à Cambrai.
Teissandier, économe du grand Sém.
Thévenin, curé de Barbençon.
This, V.-D. curé d'Onnaing.
Thomas, vic. de St-Martin, à Roubaix.
Tison, curé d'Escaudin.
Tison, curé de Marpent.
Top, curé de Carnin.
Trannois, curé de Beaudignies.
Vaast, vic. de N.-D. à Tourcoing.
Valet, curé de Vieux-Ménil.
Vallée, vicaire général.
Vallez, aumônier à Roubaix.
Venalderwerst, vic. de St-Vincent de P.
Vancostenoble, curé de Zermezeele.
Vandermersch, vic. de Wattrelos.
Verdavaine, vic. de Vieux-Condé.
Vermelle, vic. de La Madeleine.
Verstavel, V.-D. curé de Lynde.
Villain, vic. de Roncq.
Vitoux, curé de Fontaine-au-Pire.
Vitse, curé de Thuménil.
Wallard, vic. de St-Géry, à Cambrai.
Wallez, D. curé du Cateau.
Wallez, vic. de Comines.
Wambre, aumônier au Cateau.
Wattelier, curé de Warlaing.
Wattine, missionnaire diocésain.
Wemaes, vic. de Marcq.
Wénis, curé de Provin.
Wyart, curé de Mazinghien.

Avaient chargé un de leurs confrères, de souscrire en leur nom, MM. :

Damman, curé de Boeschepe.
Hilst, curé de Winnezeele.
Maes, V.-D. curé d'Ecke.
Merlin, curé de Terdeghem.
Neuwe, aumônier a Douai.
Leurèle, curé de Zegeers-Cappel.

Ont envoyé, par écrit, de chaleureuses adhésions les prêtres dont les noms suivent, et qui, à raison de leur âge, de leurs infirmités, ou de quelques autres causes exceptionnelles et graves, n'avaient pu assister ni à l'une ni à l'autre Retraite, MM. :

Bailleul, vic. de Caestre.
Bèle, vic. à Dunkerque.
Berthier, curé de St-Hilaire.
Chalant, curé de Féchain.
Comond, curé de Beuvry.
Deberkem, curé de Baisieux.
Debord, chanoine.
Deboudt, V.-D. curé de Merris.
Declunder, prêtre à Méteren.
Degraeve, prêtre à Bailleul.
Dehaene, D. curé de St-Amand, à Bailleul.
Delassus, vic. à Valenciennes.
Delautre, curé d'Ochtezeele.
Devoole, vic. de Merris.
Dewaine, curé d'Hardifort.
Direz, V.-D. curé de Croix.
Flahaut, prêtre à Méteren.
Forest, curé d'Hamel.
Jourdin, sacristain, à Bailleul.
Legrain, curé de Godewaersvelde.
Naye, prêtre à St-Jean-Cappel.
Platevoet, curé de St-Jean-Cappel.
Pluchart, curé de Willems.
Salembier, curé de Vieux-Reng.
Tonnelle, missionnoire diocésain.
Vanbever, V.-D. curé de Weest-C.
Vermersch, curé de Berthen.
Wallez, curé de Pont-sur-Sambre.

Les ecclésiastiques employés dans l'enseignement ont voulu joindre leurs voix à celles de leurs frères qui sont attachés au ministère paroissial. En terminant les retraites qui leur sont propres, et avant de quitter les divers établissements où ils ont coutume de se réunir, chaque année, pour ces pieux exercices, ils ont souscrit les adresses suivantes :

RETRAITE DU PETIT SÉMINAIRE.

MONSEIGNEUR,

« Réunis dans votre petit Séminaire, pour y suivre les exercices de leur Retraite spéciale, ceux de vos prêtres qui sont voués à l'enseignement secondaire dans les colléges et les institutions diocésaines, auraient été trop heureux de pouvoir, comme leurs confrères du clergé paroissial, exprimer de vive voix à votre Grandeur leur profond et inaltérable dévouement aux droits sacrés du Saint Siége, si indignement violés.

» Privés de votre auguste présence (1), nous ne pouvons pas cependant nous séparer, sans manifester par écrit à votre Grandeur nos sentiments et nos vœux.

(1) Une visite pastorale que notre voyage de Rome avait retardée nous tenait alors éloigné de Cambrai.

Pendant ce saint et glorieux pèlerinage qui, sous l'inspiration du Saint-Esprit et par la seule force de l'unité catholique, amenait à Rome les évêques de toute langue et de toute nation, tous, Monseigneur, nous regrettions de ne pouvoir pas vous suivre et nous étions avec vous d'esprit et de cœur. Avec vous, nous nous prosternions aux pieds de Pie IX, sous sa bénédiction paternelle, et nous lui faisions hommage de notre respect filial, de notre admiration profonde, de notre soumission la plus parfaite et de notre amour le plus dévoué.

» Laissez-nous vous le dire, Monseigneur, nous étions heureux de savoir notre Eglise de Cambrai noblement représentée dans cette assemblée la plus auguste de l'univers; et nous éprouvions une sainte fierté de voir le nom de notre Archevêque briller parmi tant d'autres noms illustres dans cette mémorable Adresse de l'épiscopat catholique, monument impérissable de son amour autant que de sa foi.

» Vous avez bien voulu nous le dire, et nous en remercions votre Grandeur, oui, vous étiez là l'interprète de votre clergé et votre parole était l'expression de nos pensées et de nos sentiments. Oui, nous adhérons de toutes les puissances de notre âme à cette immense consolation donnée à Pie IX, comme aussi à cette note d'infamie infligée aux mensonges, aux outrages, aux calomnies dont il est la victime.

» A votre suite, Monseigneur, nous abhorrons et détestons les violences impies, les spoliations injustes qui se sont accomplies en ces derniers temps contre la souveraineté temporelle du Saint Siege, et ces machinations iniques par lesquelles on voudrait en achever la ruine. A votre suite, nous abhorrons et détestons les doctrines perverses par lesquelles on tend à justifier ou consacrer ces attentats sacriléges; et la condamnation qui les a frappées sera toujours la règle de notre jugement et de notre conduite dans la crise violente que traverse l'Eglise.

» Avec vous, Monseigneur, nous protestons de notre inviolable fidélité au successeur de Pierre; pour la défense de son indépendance et le triomphe de sa cause, qui est celle de l'Eglise, nous promettons de continuer nos prières, nos sacrifices, nos filiales offrandes et nous nous déclarons prêts à subir pour cela, s'il le fallait, la prison et la mort. Avec vous enfin, nous redirons d'une seule voix et d'un seul cœur, à notre saint et bien-aimé Père : Vivez

vivez, et que longtemps encore vos forces suffisent au gouvernement de l'Eglise! Vivez pour la gloire du Saint Siége et pour la paix du monde!

» Tels sont nos sentiments, Monseigneur, daignez en agréer l'expression; la déposer entre vos mains, c'est la mettre aux pieds de Pie IX. Puissent ces témoignages unanimes de l'amour de ses enfants adoucir l'amertume de ses douleurs et lui donner force et consolation au sein de ses épreuves! »

Bécar, prof. au petit Séminaire.
Billiau, prof. à Douai.
Blanquart, prof. à Auchy.
Boniface, prof. à St-Amand.
Bouhour, prof. à Tourcoing.
Cappliez, prof. à Valenciennes.
Cardon, prof. à Douai.
Cateau, prof. à Douai.
Cérisier, prof. à Valenciennes.
Corbier, prof. à Roubaix.
Dayez, supérieur à Roubaix.
Decorne, précept. à Bersée.
Défontaine, prof. à Auchy.
Dehaisnes, prof. à Douai.
Delahaye, prof. à Douai.
Delannoy, prof. à Roubaix.
Delannoy, prof. à Valenciennes.
Delcroix, prof. au petit Séminaire.
Delnatte, prof. au petit Séminaire.
C. Deltour, prof. à Tourcoing.
J. Deltour, prof. à Tourcoing.
Denis, prof. à Bavay.
Deraime, prof. à Valenciennes.
Dessauvage, prof. à Auchy.
Desilve, prof. au petit Séminaire.
Destombes, supérieur à Douai.
Destombes, supérieur à Solesmes.
A. Destombes, prof. à Solesmes.
Dhérin, prof. au petit Séminaire.
Dransart, prof. à Roubaix.
Ducarne, prof. au petit Séminaire.
Ducoulombier, prof. à Tourcoing.
Dufossez, prof. à Auchy.
Dumon, prof. à Valenciennes.
Dupain, prof. à St-Amand.
Duriez, supérieur à St-Amand.
Fontaine, prof. à Valenciennes.
Feuillet, prof. à Solesmes.
Fichaux, prof. à Tourcoing.
Fournier, prof. à Bavay.
Gravelaine, prof. à Douai.
Guillemot, prof. au petit Séminaire.
Hannoye, prof. au petit Séminaire.
Harbonnier, prof. à Tourcoing.
Huart, prof. à St-Amand.
Helle, prof. à Valenciennes.
Julien, prof. à Valenciennes.
Lasnes, supérieur à Valenciennes.
Leblanc, principal à Tourcoing.
Lecœuvre, prof. au petit Séminaire.
Lecomte, prof. à Tourcoing.
Lecq, prof. à Douai.
Lemaire, prof. à Solesmes.
Leplat, prof. à Tourcoing.
Louage, prof. à Tourcoing.
Lubrez, prof. à Auchy.
Mangé, prof. à Valenciennes.
Maniez, prof. au petit Séminaire.

Massart, prof. au petit Séminaire.
Meurice, prof. au petit Séminaire.
Mience, prof. à Douai.
Monnier, ch. hon., sup. du petit Sém.
Mortier, supérieur à Bavay.
Mouton, prof. à Roubaix.
Paris, prof. à Valenciennes.
Plet, prof. au petit Séminaire.
Pruvost, principal à Bailleul.
Rigaut, prof. au petit Séminaire.
Sinsoillier, directeur à Auchy.
Vaillant, prof. à St-Amand.
Vanheeger, prof. à Douai.

RETRAITE D'HAZEBROUCK.

MONSEIGNEUR,

« Permettez à une partie des membres de votre clergé enseignant réunis à Hazebrouck pour les exercices de la retraite annuelle, de déposer aux pieds de Votre Grandeur le filial hommage de leur adhésion sympathique et dévouée aux adresses si pleines de foi et de charité sacerdotales que vous ont présentées leurs nombreux et vénérés confrères, au sortir des retraites diocésaines.

» Oui, Monseigneur, nous avons assisté d'esprit et de cœur au grand et attendrissant spectacle de tout votre clergé se serrant autour de vous, pour protester de sa fidélité inviolable envers son Archevêque et envers le Chef suprême de l'Eglise, l'immortel Pie IX ! Nous avons entendu les cris de saint enthousiasme sortis de toutes ces poitrines de prêtres ; nous avons vu couler les larmes de ces vétérans du sanctuaire, blanchis dans les travaux apostoliques, et nos cœurs se sont associés à toutes ces religieuses émotions.

» Laissez-nous donc, Monseigneur, unir nos faibles témoignages à ces graves protestations; laissez-nous aussi vous dire avec quel bonheur nous vous avons vu prendre le chemin de la ville éternelle, vous joindre à cette glorieuse phalange d'illustres pèlerins, à tous ces courageux évêques, accourus de toutes les parties de l'univers autour du Souverain Pontife, comme des fils autour de leur père, et apposer votre signature d'Archevêque à cette magnifique Adresse, monument indestructible de l'union de tous les Pasteurs de l'Eglise, qui consacre à la face du monde les droits et les prérogatives de la Papauté, aujourd'hui si étrangement méconnus et si audacieusement foulés aux pieds.

» Avec vous, Monseigneur, et après vous, nous protestons de toute l'énergie de notre âme contre les spoliations sacriléges dont l'Église a été l'objet pendant ces dernières années; nous condamnons hautement tout ce que condamnent le Pape et les évêques; nous approuvons sans restriction tout ce qu'ils approuvent; nous embrassons avec amour la doctrine qu'ils proclament, et nous sommes prêts à sacrifier notre vie même pour la défendre.

» Le Souverain Pontife, dans son allocution aux évêques, appelle l'attention sur les ravages exercés tous les jours par les mauvaises lectures: spécialement chargés de l'éducation de la jeunesse, nous prenons l'engagement de veiller avec une infatigable sollicitude à la pureté de l'enseignement profane et religieux, d'éloigner des yeux et des mains de nos élèves, avec un nouveau zèle, tout écrit capable de porter la moindre atteinte à la foi ou aux mœurs.

» Puisse ce témoignage spontané de notre dévouement sans bornes à la plus sainte des causes, être agréable à Votre Grandeur, et arriver, par son entremise, jusqu'au trône pontifical!

» Nous vous prions d'agréer l'assurance du plus profond respect et du plus sincère attachement avec lesquels nous avons l'honneur d'être,

» Monseigneur,

» De Votre Grandeur,

» Les très-humbles et très-obéissants serviteurs et fils en N. S. J.-C. »

Baron, prof. à Hazebrouck.
Bertein, prof. à Dunkerque.
Boute, prof. à Hazebrouck.
Coubronne, prof. à Dunkerque.
Debuschère, prof. à Hazebrouck.
Dehaene, J., principal à Hazebrouck.
Dehaene, E., prof. à Hazebrouck.
Debenne, prof. à Dunkerque.
Dekeister, directeur à Hazebrouck.
Dezitter, prof. à Dunkerque.
Duquesnoy, prof. à Dunkerque.
Durant, B., directeur à Dunkerque.
Durant, S., prof. à Gravelines.
Faes, prof. à Dunkerque.
Gourdin, prof. à Hazebrouck.
Hébant, directeur à Gravelines.
Hidden, prof. à Dunkerque.
Lacroix, prof. à Hazebrouck.
Ledoux, prof. à Dunkerque.
Plancke, prof. à Hazebrouck.
Sagary, prof. à Dunkerque.
Vandepitte, prof. à Dunkerque.
Vanrenterghem, prof. à Dunkerque.
Vasseur, prof. à Dunkerque.

RETRAITE DE MARCQ (1).

MONSEIGNEUR,

« Réunis à Marcq pour notre Retraite ecclésiastique, nous éprouvons le besoin d'exprimer, nous aussi, à Votre Grandeur, les sentiments d'admiration, de confiance et d'amour dont nos cœurs sont remplis envers Notre Très-Saint Père le Pape Pie IX.

» Ce n'est point une adresse que nous vous envoyons, Monseigneur, nous sommes trop peu nombreux et trop petits pour donner à ces lignes un caractère si solennel ; c'est une simple adhésion aux adresses déjà signées par tous nos confrères à la fin des diverses Retraites ecclésiastiques : comme eux et avec eux, nous protestons contre les spoliations sacriléges du patrimoine de l'Eglise ; comme eux et avec eux, nous rejetons ces doctrines perverses qui menacent l'indépendance du ministère pastoral, la sécurité des consciences et la stabilité des sociétés humaines ; comme eux et avec eux, nous nous serrons autour de notre Archevêque, pour entrer dans cette admirable unité des cœurs catholiques qui est à la fois un triomphe pour la sainte Eglise et une consolation pour le Pontife suprême destiné par la Providence à être dans ces jours mauvais notre lumière, notre force et notre modèle.

» Daignez agréer, Monseigneur, l'hommage du profond respect et de l'inaltérable attachement de ceux qui s'estiment heureux de pouvoir se dire,

» De Votre Grandeur,

» Monseigneur,

» Les fils dévoués en N. S. J.-C.

» Marcq-en-Barœul, 6 Octobre 1862. »

Binaut, prof. à Marcq.
Brande, supérieur à Bergues.
Brousse, prof. à Marcq.
Dennel, supérieur à Lille.
Hollebecque, directeur à Marcq.
Jaspar, prof. à Marcq.
Leleux, prof. à Marcq.
Meesemaecker, prof. à Lille.
Mille, prof. à Lille.
Ruyssen, prof. à Marcq.
Serrurier, prof à Marcq.
Sockeel, prof. à Lille.
Vandenbavière, prof. à Lille.

(*) Quoiqu'il y eût identité parfaite de sentiments entre tous les ecclésiastiques qui assistaient à cette retraite, l'adresse à nous transmise ne pouvait être souscrite que par ceux qui appartiennent au clergé de notre diocèse.

VIII.

Lorsque ces adresses nous eurent été remises, nous nous fîmes un devoir, et il était bien doux pour notre cœur, de les transmettre au Saint Père. Nous y avions joint la lettre qui suit :

Beatissime Pater,

« Faustisimo illo die, secuado scilicet mensis Junii proximè elapsi, quo mihi contigit Sanctitatem vestram adire, alloqui, Eique de Statu Ecclesiæ meæ rationcm reddere, confidenter et absque ullâ dubitatione declarare et affirmare potui hujusce Cameracensis Diœcesis « clerum *universum* Summo » Pontifici et Sedi Apostolicæ, in hâc tantâ temporis iniquitate, summâ fide, » observantiâ, obsequio, amore esse devinctum.

» Quod ità, Beatissime Pater, de omnibus, perspectâ omnium religione, maximo animi mei gaudio asseveraveram, hoc iidem sacerdotes ipsi, singuli, ubi primùm sese dedit occasio, ore proprio profiteri, propriâ manu scribere voluerunt.

» Cùm enim, ut solent quotannis, ad sacrum secessum in seminarium convenissent, spiritualibus exercitiis piissimè peractis, hìc adnexas declarationes, communi omnium plausu acceptas, et uniuscujusque nomine subscriptas, mihi legi postulârunt tradideruntque ad Sanctitatem Vestram transmittendas. Quæ his apposita fuerunt subscriptorum nomina numero sunt octo et mille.

» Qui verò ob infirmam valetudinem, aliisve de causis, à sanctis fratrum suorum cœtibus necessariò abfuerunt, ii omnes eâdem omninò devotione, eodem studio hisce declarationibus adhærere se ad me rescripserunt.

» Hæc omnium vota, Beatissime Pater, communie hoc filialis et constantissimi amoris pignus ac monimentum, quod optimo et Sanctissimo Patri solatio esse vehementissimè optamus, benignè accipere dignetur Sanctitas Vestra, omnibusque Apostolicam Benedictionem impertiri.

» Quam mihi quoque enixè imploro Sanctitatis Vestræ,

» Beatissime Pater,

» Obsequentissimus et devotissimus filius.

» Cameraci, die 26ª Novembris. »

C'est à vous, Messieurs et Chers Coopérateurs, autant et plus qu'à nous-même, que s'adresse cette paternelle réponse de Sa Sainteté.

« PIUS PP. IX.

« Venerabilis Frater, Salutem et Apostolicam Benedictionem. Cùm te elapso mense Junio in hâc almâ Urbe Nostrâ summo animi Nostri gaudio præsentem intueri, alloqui et amplecti potuimus, Venerabilis Frater, non levi certè solatio affecti fuimus à Te audientes, universum istius Tuæ Diœcesis Clerum singulari Nos, et hanc Petri Cathedram fide, pietate ac veneratione prosequi. Atque id ipsum libentissimè novimus ex pluribus declarationibus, quas ab eodem Clero occasione spiritualium exercitiorum editas Tibique inscriptas ad Nos misisti cum Tuâ gratissimâ Epistolâ V Kalendas hujus mensis datâ. Siquidem in eisdem declarationibus undique elucent egregii ipsius Cleri sensus, qui luculenter profitetur, se nihil potius habere, quàm ut Nobis, et huic Apostolicæ Sedi firmiter adhæreat, utque detestetur ea omnia, quæ à nobis damnantur, et illustria Venerabilium Fratrum Catholici orbis Sacrorum Antistitum vestigia sequatur. Itaque Tibi committimus, Venerabilis Frater, ut Nostro nomine eidem Tuo Clero significes, pergratos nobis fuisse hujusmodi ejus sensus omni certê laude dignissimos, ac simul certiorem illum facias de paternâ Nostrâ in ipsum caritate, deque Apostolicâ Benedictione, quam toto cordis affectu ei impertimur. Atque eidem Clero manifestabis, Nos exoptare, ut ipse calamitosissimis hisce christianæ civilisque reipublicæ temporibus suam omnem, Te duce, operam, ac studia in catholicæ Ecclesiæ causam, ejusque doctrinam ac jura tuenda, in proprii ministerii munia sedulò, scienter sanctèque obeunda, in animarum salutem curandam, atque in inimicorum hominum insidias detegendas, et errores profligandos conferre nunquàm desinat. Deniquè alacri libentique animo hanc etiam amplectimur occasionem, ut iterùm testemur, et confirmemus præcipuam Nostram in Te benevolentiam. Cujus quoque certissimum pignus esse volumus, Apostolicam Benedictionem, quam intimo cordis affectu Tibi ipsi, Venerabilis Frater, et gregi Tuæ vigilantiæ commisso peramanter impertimus.

» Datum Romæ Apud S. Petrum die 8 Decembris anno 1862, Pontificatûs Nostri anno decimo septimo.

» PIUS PP. IX. »

Nous nous bornons, Messieurs et Chers Coopérateurs, à mettre sous vos yeux et à déposer dans vos cœurs cette lettre du Chef Suprême de l'Eglise : tout commentaire l'affaiblirait.

Vous y trouvez pour le passé une bien douce et bien glorieuse récompense, qu'elle vous soit pour l'avenir un enseignement vénéré et un saint encouragement.

Le Vicaire de J.-C. veut que vous le sachiez ; il veut que, de sa part, nous vous en donnions l'assurance : cette éclatante et ferme profession que vous faites d'un attachement inébranlable à sa Personne Sacrée et au Siége Apostolique ; cette réprobation énergique, absolue de toutes les erreurs et de tous les actes qu'il condamne ; cette promesse d'une invariable fidélité à marcher sur les traces de l'Episcopat catholique, tous ces sentiments si dignes de bons prêtres, et que vous avez si dignement exprimés, ont mérité sa haute approbation et tous ses éloges ; ils ont profondément touché son cœur.

Il veut, ce bon et saint Père, que nous vous disions combien est tendre son amour pour vous, combien est affectueuse la bénédiction qu'il vous donne.

Avec quel esprit de foi, quel courage, quelle persévérance vous répondrez, Messieurs et Chers Coopérateurs, aux vœux qu'il forme et qu'il nous charge également de vous exprimer ! Employer, durant ces jours si mauvais pour la religion et pour la société, tout ce que vous avez d'intelligence et de cœur à défendre l'Eglise catholique, sa doctrine et ses droits ; remplir les fonctions de votre ministère avec zèle, science et sainteté ; travailler sans cesse au salut des âmes ; vous tenir constamment en garde contre les artifices des ennemis de l'Eglise, et toujours prêts à combattre les erreurs que l'impiété propage : voilà ce que le S. Père vous demande à tous, et ce à quoi aucun de vous ne faillira.

A cette vigilante et courageuse activité dans la lutte, vous joindrez, comme vous l'avez fait jusqu'ici, de continuelles et ferventes prières, « afin que cette » victoire que le divin Auteur de l'Eglise lui donnera certainement, en » vertu de ses promesses, nous soit accordée plus prompte, plus complète et » plus douce (1). » Fiat ! Fiat !

Recevez, Messieurs et Chers Coopérateurs, l'assurance de mon affectueux dévouement.

✠ R F, *Archevêque de Cambrai.*

(1) Ità enim fiet ut victoria illa, quam propter promissiones suas, divinus Auctor Ecclesiæ est præstiturus, citior, uberior et jucundior nobis concedatur. (Rép. du S. Père à l'adresse du Chapitre Métropolitain, 18 Juin 1862).

Cambrai. — Fénélon DELIGNE, imprimeur Libraire de l'Archevêché.

www.ingramcontent.com/pod-product-compliance
Ingram Content Group UK Ltd.
Pitfield, Milton Keynes, MK11 3LW, UK
UKHW021818190726
13853UKWH00003B/1049